DIBUJAR
LA SOMBRA
Y LA LUZ
por Enrique **Etievan**

Traducción de Unai Velasco

GG

No hubiera sido posible compartir el contenido de este libro sin la ayuda inestimable de mis alumnos, quienes, con el paso de los años, me han permitido avanzar cada día un poco más en ese camino sin final que es la práctica artística, así como afinar mi manera de comunicar sus técnicas. Quiero agradecer también a los modelos que me han servido de inspiración para muchos de los dibujos que aparecen aquí. Para terminar, dedico esta obra a mis dos hijas, que llevo siempre en mi corazón, donde toda obra de arte es creación.

Título original: *Dessiner l'ombre et la lumière*.
Publicado originalmente por Éditions Eyrolles, París, en 2025.

Diseño: Sophie Charbonnel

Printed in Bosnia and Herzegovina
ISBN: 978-84-252-3589-4
Depósito legal: B. 9625-2025
Impresión: GPS

Editorial GG, SL
Via Laietana, 47, 3.° 2.ª, 08003 Barcelona
(+34) 933 228 161
editorialgg.com

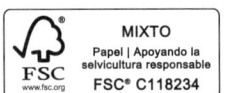

MIXTO
Papel | Apoyando la selvicultura responsable
FSC® C118234
www.fsc.org

Índice

Introducción

Tomarse el tiempo de aprender

De entrada, es fundamental subrayar la importancia de la paciencia y la dedicación a la práctica del claroscuro en el dibujo. Dicha técnica exige un fuerte compromiso y una profunda comprensión de sus conceptos subyacentes. Así como un maestro del claroscuro observa meticulosamente cada principio de la luz en el objeto que ha de dibujar, el discípulo debe de la misma forma ser paciente y consagrar el tiempo que sea necesario para dominar este arte. Cada rasgo, cada detalle, demanda una atención minuciosa y un proceso de aprendizaje progresivo. De este modo, con tal de ofrecer una visión clara del esfuerzo implicado, indicaremos en esta obra el tiempo que debemos dedicar a la realización de algunas de las ilustraciones.

La observación

La observación es un elemento esencial para mejorar constantemente la técnica de dibujo. La falta de una formación sólida en la materia puede conducirnos a lo que la «idea» preconcebida del objeto o del sujeto por dibujar prevalezca sobre la propia realidad de este.

Antes de abordar las técnicas de perfeccionamiento del claroscuro y, por consiguiente, progresar en el dominio del volumen, debemos reconocer la importancia de una observación detallada y precisa.

Para empezar a practicar, poneos pequeños retos, como lo haríais en un gimnasio para ejercitar los músculos. Preguntaos, por ejemplo, de dónde procede la luz, cuál es la zona esclarecida. ¿Es una sola o son varias las fuentes de luz? Una vez dominada esa fase, podréis dedicaros a otros aspectos de mayor complejidad, como los reflejos y las formas de las caras de un objeto, de qué manera les afectan la luz y la sombra. Para ello no es necesario dibujar, basta con observar a una persona o fijarse por la calle al caminar.

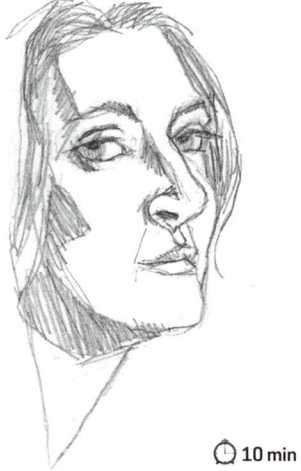

⏱ 10 min

En este contexto, os mostraré ejemplos concretos de los errores habituales que sobrevienen cuando uno intenta representar las luces y las sombras sin haber aprendido antes a observar como es debido.

En cuanto al rostro, por ejemplo, el mero grosor del trazo y la uniformidad de los valores de gris provocan una pérdida de volumen. En realidad, cuando se trata de un rostro, hay pocas líneas que se definan como tales. Podemos observarlas en los ojos, entre los labios, o en el contorno del rostro cuando este se ve de perfil o en una vista de tres cuartos. En cambio, en otras zonas, los planos redondeados generan una transición gradual entre las luces y las sombras, de forma parecida a lo que ocurre con una esfera.

Aquí debajo, pese a usar una escala de valores, la pérdida de volumen se debe a que la parte iluminada y el reflejo del soporte en la sombra de la esfera tienen la misma intensidad. Los planos en la sombra permanecen siempre en la sombra, los reflejos en la sombra, por más que parezcan claros, nunca poseen la misma intensidad luminosa que las áreas expuestas a la luz directa.

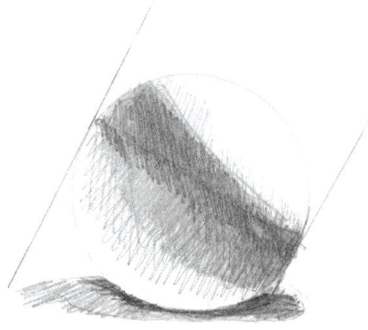

En el dibujo de los pliegues de esta falda, a pesar de las luces y la adecuación de las proporciones, el contraste resulta escaso debido a un exceso de difuminado del lápiz, lo cual provoca una pérdida de volumen. Ya sea con el lápiz o a carboncillo, abusar de esta técnica supone una pérdida en la escala de valores de grises.

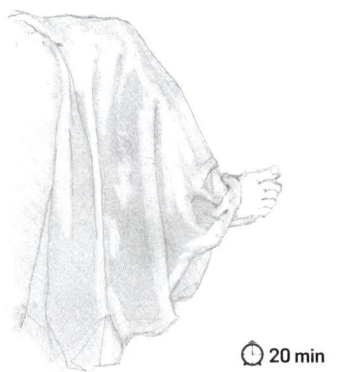

⏱ 20 min

En este otro dibujo de una esfera, la limitada comprensión de la forma de la sombra afecta a la percepción, provocando una completa pérdida de volumen. Al dibujar una línea recta para separar la luz de la sombra en lugar de seguir el contorno curvo de la forma esférica, la imagen puede ser interpretada como un mero círculo plano dividido en blanco y negro.

En un paisaje a la orilla del mar en el que los árboles se reflejan en el agua, el uso del mismo tipo de trazo para la distintas texturas y su dirección equivocada hacen que la comprensión del dibujo resulte difícil a pesar de que la escala de valores sea la apropiada. Por lo tanto, es necesario que observemos atentamente las caras de cada objeto para reforzar correctamente el volumen mediante el trazo.

En este último ejemplo, el énfasis puesto en el contorno nos impide construir las caras internas del caballo, lo cual acarrea una pérdida de realismo. Se trata de un error que he observado frecuentemente en mis alumnos: procuran dibujar solamente el contorno exterior de un objeto o de un sujeto sin darse cuenta de que se trata de un volumen tridimensional, formado por distintos planos y profundidades.

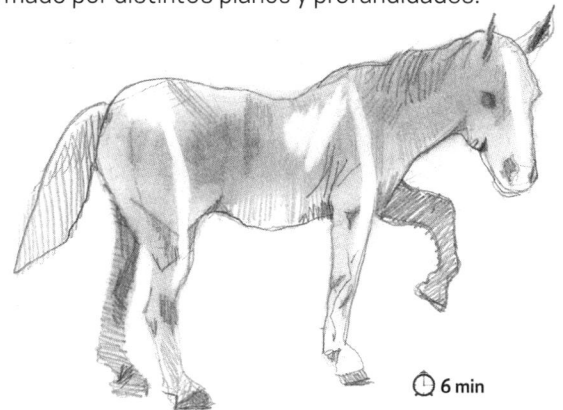

⏱ 6 min

Dicho esto, os recomiendo que mejor empecéis concibiendo las formas y los planos internos de vuestra figura. De esta manera, el dibujo se convierte en un proceso de modelaje de las formas, parecido al que emprenderíamos con una escultura de barro.

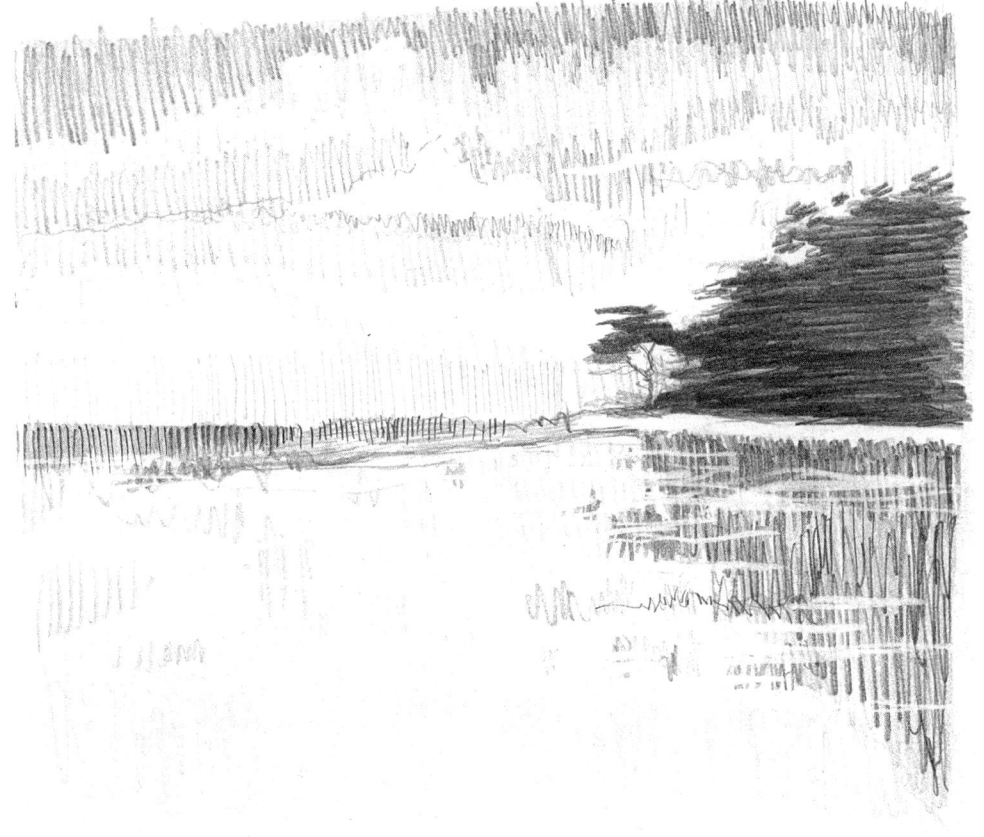

⏱ 15 min

Las herramientas de dibujo

Para empezar, veamos algunos consejos a propósito de las tres técnicas que mis alumnos y yo utilizamos más a menudo: el lápiz de grafito, el carboncillo y el bolígrafo. Explorar nuevas formas de expresión artística a través del claroscuro nos ayudará a profundizar en el estudio del dibujo y a mejorar nuestras habilidades.

La herramienta principal: nuestra mano

A menudo nos ponemos a dibujar de la misma forma como escribimos, por mera costumbre, y cometemos el error de dejar que nuestra mano descanse sobre la hoja.

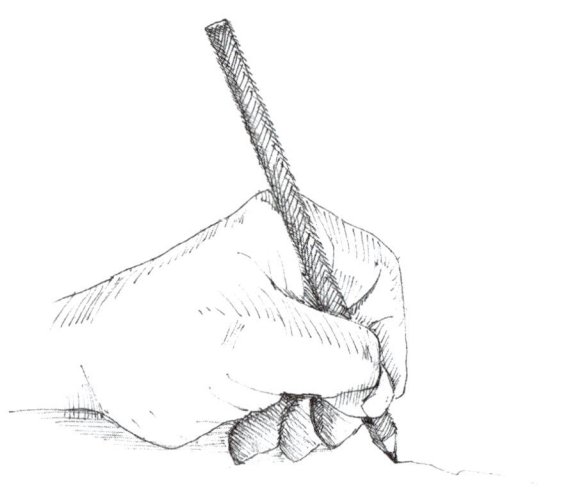

Para poder dibujar de manera eficaz es necesario aprender a agarrar y manipular nuestro lápiz de un modo distinto, haciendo también partícipes los movimientos del brazo y de la muñeca en aras de optimizar nuestro trazo y nuestras líneas.

Una mayor distancia entre la punta del lápiz y la mano confiere una mejor visión de conjunto y permite dibujar con más precisión líneas rectas en varias direcciones, mediante una libertad de movimiento mucho mayor del brazo o del antebrazo.

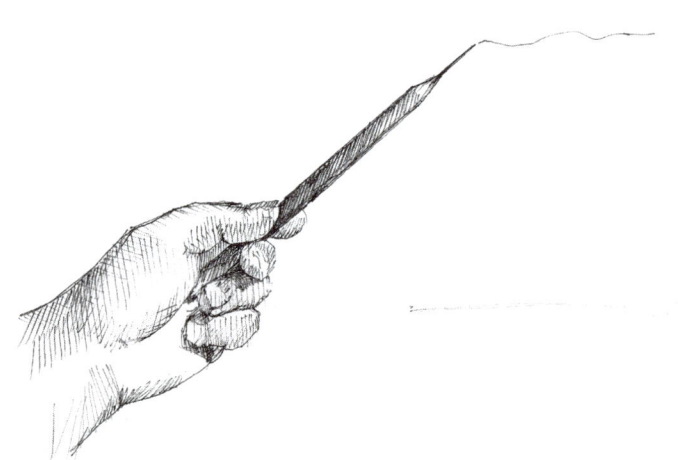

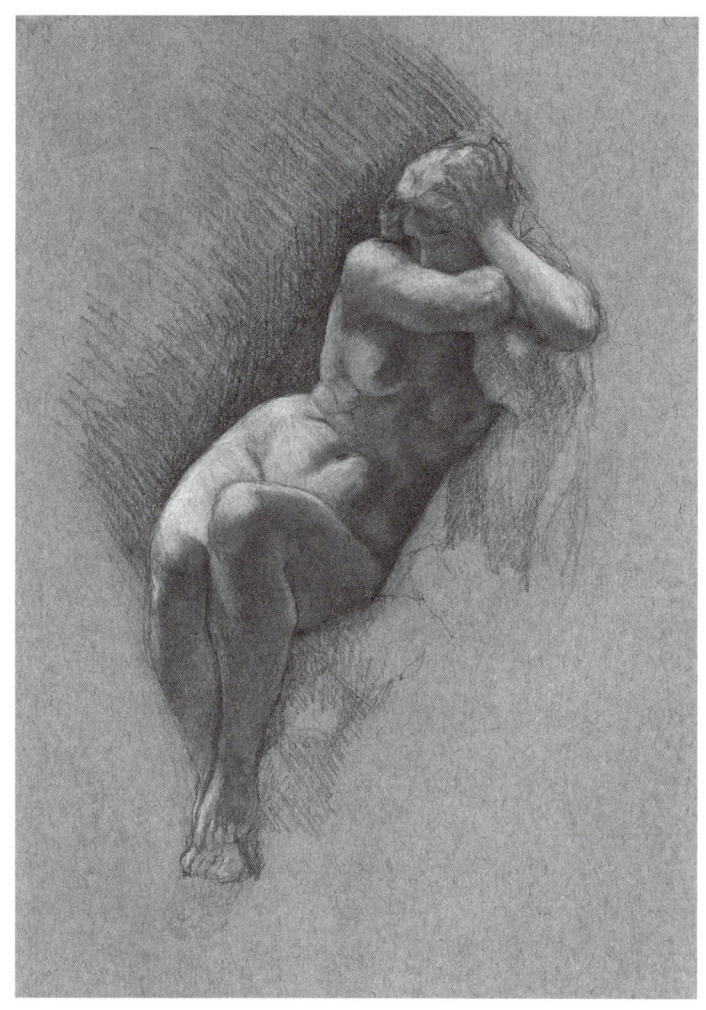

🕐 2 h 30

El lápiz

A la hora de afilar vuestro lápiz es recomendable que, en lugar del típico sacapuntas, uséis la hoja de una cuchilla, a fin de obtener una mina más larga, que resulte más fácil de afilar con papel de lija, logrando una punta fina y duradera.

Los lápices de grafito son los más utilizados en dibujo. Existen dos categorías: los H (del H al 10H, siendo este último el más duro y el más claro) y los B (del B al 10B, siendo el 10B el más blando y el más oscuro). Cuanto mayor es la dureza de un lápiz, mayor es la cantidad de arcilla mezclada con el grafito. Entre ambas clases de lápiz, para empezar a construir vuestro dibujo os aconsejo el HB, que resulta lo suficientemente duro sin llegar a ser demasiado claro. Por lo general, recomiendo las marcas Staedtler, Faber-Castell o Caran d'Ache.

El carboncillo

Es de origen vegetal y se presenta en forma de bastoncillos de distinto tamaño y grosor. Ofrece diferentes tonalidades de negro, fáciles de borrar debido a que su capacidad de adherencia no es muy elevada. El carboncillo de origen mineral, también conocido como «piedra negra», es más oscuro y bastante más graso. Se presenta en forma de mina envuelta en madera, como un lápiz, con la misma nomenclatura.

Para dibujar, podemos utilizar toda la extensión de la mina o del bastoncillo, lo cual permite una polivalencia considerable en el grosor de los trazos y los efectos.

Sea del tipo que sea, el carboncillo proporciona una gama de grises y negros más profundos y mates que los que ofrecen los lápices de grafito, que tienden a ser más brillantes en su superficie. La punta se afila mediante papel de lija.

Al margen de si usáis un lápiz o un carboncillo, tendréis que fijar el dibujo acabado mediante laca o empleando un fijador.

Las gomas

Nos permiten borrar los errores, pero también trabajar las luces cuando la superficie de nuestro soporte es de color blanco.

Blandas y maleables, las llamadas gomas «miga de pan» son útiles para los detalles y para el borrado suave. La goma blanca, la más habitual de todas, posee una mayor rigidez y permite un borrado de mayor intensidad. Para trabajos de detalle y en otros usos que requieren precisión, existen también portagomas de mina semidura, como los que comercializa la marca japonesa Mono.

El bolígrafo

El empleo de bolígrafos de punta redonda nos permite una gran gama de valores y colores. Se empieza con un tono muy claro y se logran tonos más oscuros e intensos mediante el aumento progresivo de la presión. Sin embargo, su punta rígida no nos permite variar el grosor del trazo. Son fáciles de utilizar y su tinta se seca con rapidez, pero son difíciles de borrar.

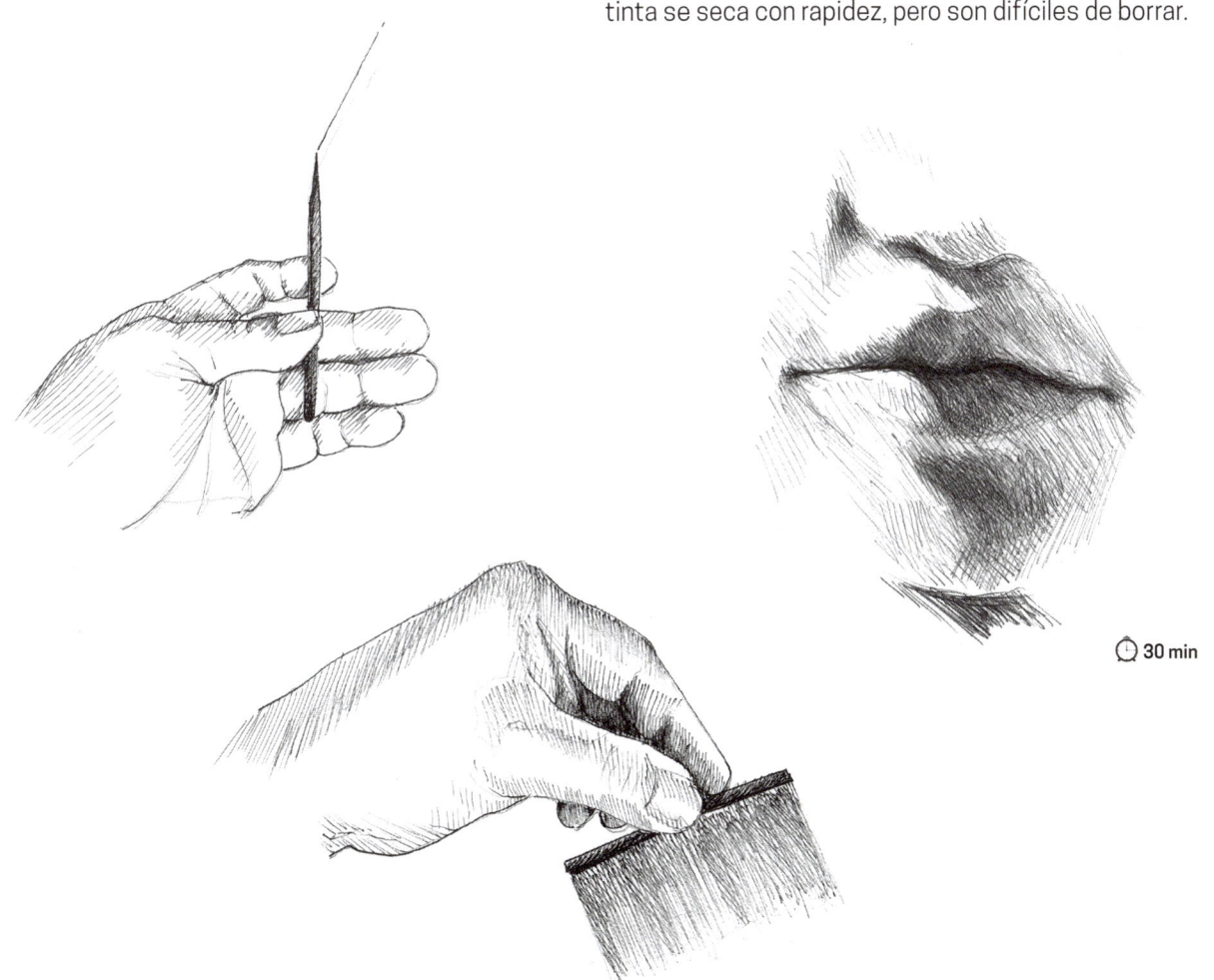

⏱ 30 min

Los principios de la luz y de la sombra

El estudio de estos principios es esencial para comprender su influencia en la apariencia de las formas. Aplicar las características del reflejo de la luz y de la sombra nos permitirá mejorar la iluminación de nuestros dibujos, confiriéndoles una apariencia más realista gracias al dominio del volumen de cada elemento y a la composición.

La luz se propaga en línea recta

Como podemos constatar a continuación, el reflejo del sol sobre el mar está determinado por la posición del observador, dando la impresión de que el rayo luminoso que se propaga está siguiendo al espectador conforme este se desplaza.

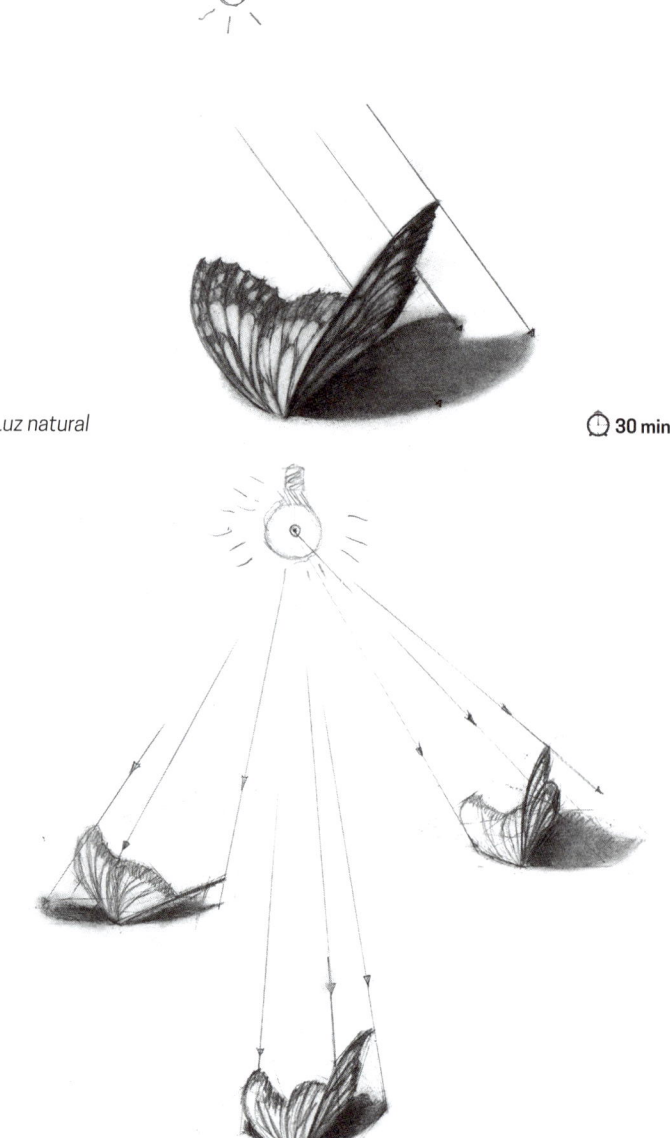

Luz natural

⏱ **30 min**

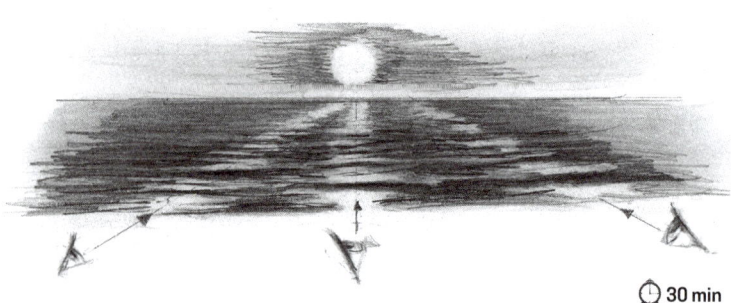

⏱ **30 min**

Este principio es de aplicación para toda superficie iluminada. Se suele pensar que el reflejo más intenso permanece fijo sobre el objeto, pero, en realidad, varía según la posición del observador, pues se trata simplemente de uno de los rayos de la luz, que rebota sobre una superficie dada antes de converger hacia nuestros ojos. Por su parte, la superficie iluminada de un objeto (el mar, en este caso) no varía por más que cambiemos nuestro punto de vista.

La orientación de la luz

Antes de ponernos a dibujar, conviene saber de dónde procede la fuente —o las fuentes— de luz, puesto que ello tiene un efecto decisivo en el resultado del volumen y también, por lo tanto, en el de las sombras, tanto las propias del objeto como las proyectadas. La dirección, el tamaño y el valor tonal de las sombras cambian en función de la posición de la fuente de luz.

Existen dos tipos de luz que influyen en el comportamiento de las sombras. La luz natural, como la de la luz solar o la de la luna, se caracteriza por rayos considerados paralelos en razón a su distancia respecto a nosotros. Al contrario, las fuentes de luz artificial emiten rayos que parten de un mismo punto y se propagan, cambiando sus ángulos y volviéndose cada vez más obtusos los unos en relación con los otros.

Luz artificial

La luz y las sombras sobre los objetos

Los objetos o las superficies no suelen absorber toda la luz que reciben, de ahí que los podamos observar, ya que estos proyectan o reflejan esa misma luz.

Es debido a ese fenómeno físico que, en un mismo objeto, percibimos dos zonas distintas: la de la luz y la de la sombra. En la parte iluminada se encuentra también el tono intermedio, que ejerce de transición entre la parte iluminada y la parte en sombra. En el punto de luz máxima —el llamado «centro luminoso»—, el objeto recibe más luz, pero no debemos confundirlo con el resplandor, pues, como ya he explicado, este varía según el punto de vista del observador.

En la zona en sombra se encuentra el llamado «terminador», una línea de vital importancia para la construcción del claroscuro, ya que esta separa la luz de la sombra y le otorga a la forma su volumen. Es la parte más oscura de la zona en sombra. Por último, está también la penumbra, o zona en sombra propiamente dicha, donde se encuentran por lo general los reflejos de las superficies u objetos cercanos.

El tamaño de la fuente de luz influye también en la sombra proyectada sobre una superficie. Cuanto más pequeña es la fuente de luz (debajo, a la izquierda), mayor será la parte oscura de la sombra proyectada. En consecuencia, el reflejo de la superficie (el suelo en este caso) en la parte del objeto en sombra resulta más grande y evidente, ya que el plano sobre el que la sombra se proyecta aumenta la superficie iluminada, así como su refracción, como un espejo. Ello depende también, claro está, del tipo de textura y del color del plano. De lo contrario, cuanto mayor es la fuente de luz (debajo, a la derecha), menor será la parte oscura de la sombra proyectada y, asimismo, menor será el reflejo de la superficie en la zona en sombra del objeto.

![Diagrama de una naranja con etiquetas: Reflejos, Resplandor, Penumbra, Centro luminoso, Terminador, Semitono. 2h]

La proyección de las sombras

Se trata simplemente de la silueta que un objeto proyecta sobre una superficie cuando se encuentra entre la fuente de luz y dicho plano, es la sombra proyectada. Tal sombra varía su tamaño y su valor en función del tipo de luz, de su ángulo y de la transparencia del objeto entre el plano y la luz.

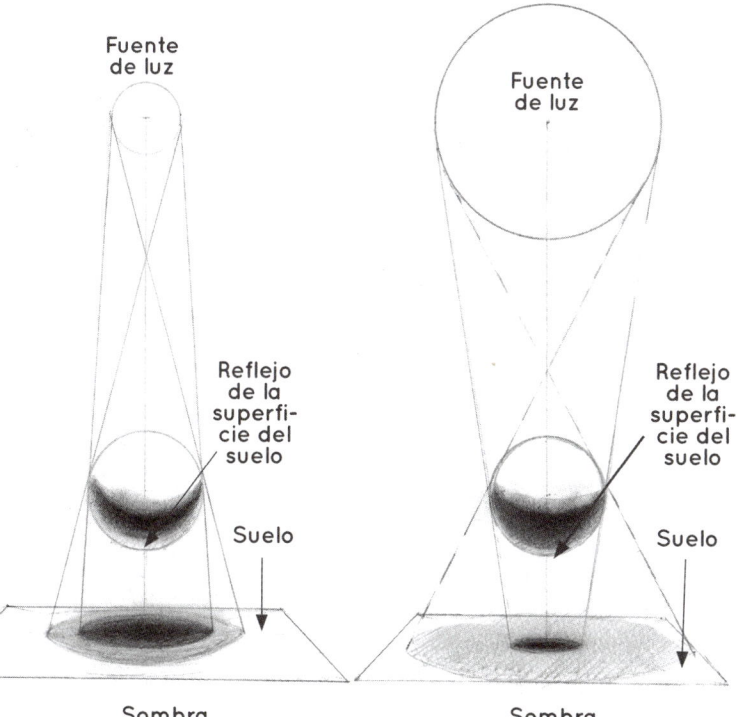

Fuente de luz — Reflejo de la superficie del suelo — Suelo — Sombra proyectada

Fuente de luz — Reflejo de la superficie del suelo — Suelo — Sombra proyectada

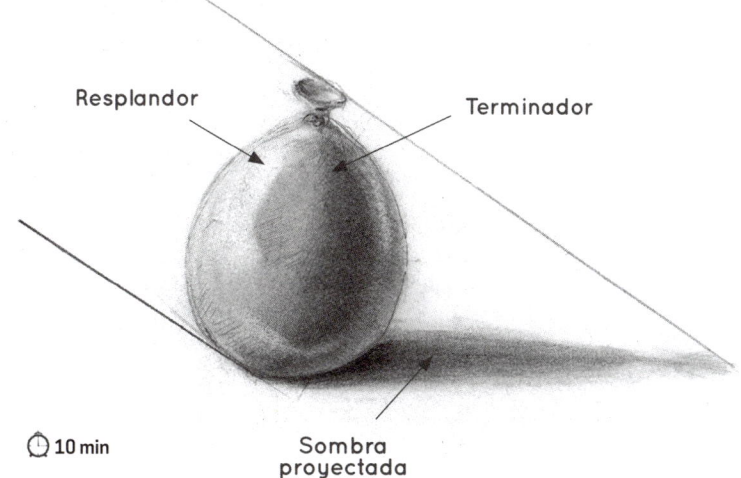

Resplandor — Terminador — Sombra proyectada — 10 min

La perspectiva de la luz: la sombra proyectada por los objetos

Para comprender cómo se proyectan las sombras sobre una superficie y obtener la debida profundidad y realismo en una representación visual, tenemos que tratar la cuestión de la perspectiva. Existen muchos tipos, pero exponerlos todos aquí sería tedioso y nos alejaría de nuestro cometido principal. De modo que me centraré brevemente en uno de los tipos que considero más útiles para representar la luz: la perspectiva basada en un solo punto de fuga en el horizonte. Una de las caras del objeto es paralela al horizonte y todas sus horizontales escapan hacia ese concreto punto de fuga.

El primer paso consiste en dibujar la forma del objeto en perspectiva. Tomemos como ejemplo un muro con una puerta.

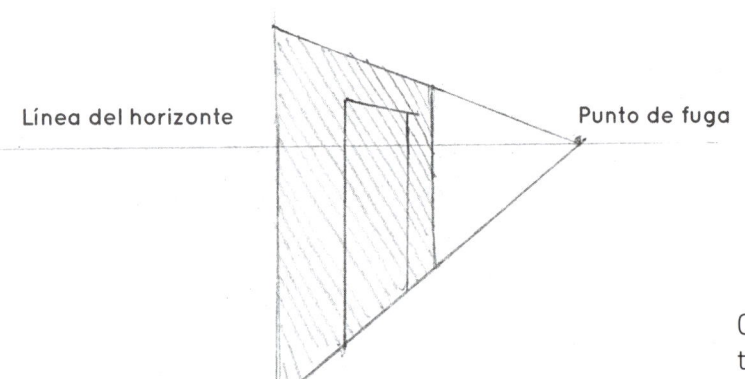

Línea del horizonte   Punto de fuga

Escogemos el tipo de luz que deseamos utilizar (natural o artificial) y determinamos su posición, teniendo en cuenta el ángulo y la hora del día. Aquí, el sol tiene un ángulo de 45°, con tal de evitar que las sombras sean demasiado cortas o largas en nuestro dibujo.

Para trazar la sombra del objeto sobre el suelo, proyectaremos sus aristas superiores con un ángulo de 45°. Las aristas inferiores se extienden en paralelo al horizonte. Seguidamente, las intersecciones de las líneas se conectan al punto de fuga.

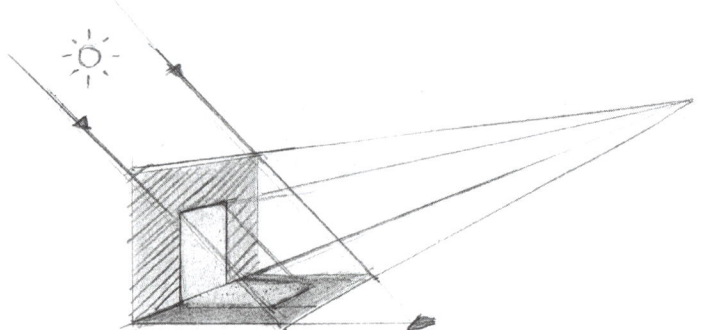

Una vez definida la forma de la sombra, podemos trabajar en sus valores. Es importante tener en cuenta que su parte más en sombra se encuentra en el límite del objeto, con un borde neto, y que, a medida que la sombra se aleja, esta se vuelve más clara y sus bordes se difuminan.

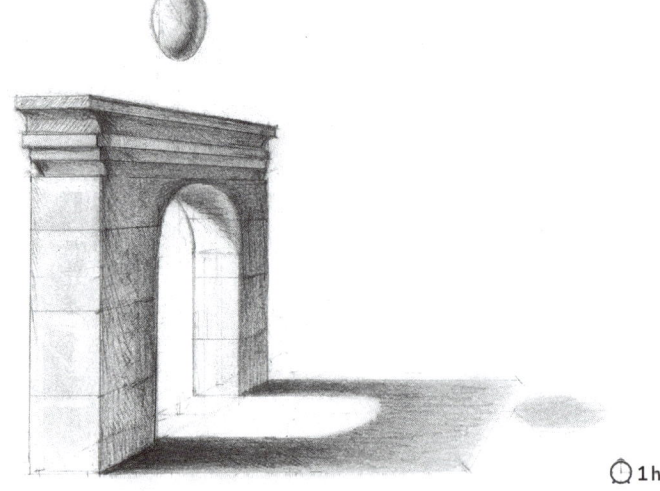

1h

Como hemos visto, la luz del sol se caracteriza por rayos tomados por paralelos. En este ejemplo, por lo tanto, las sombras siguen siempre el mismo ángulo.

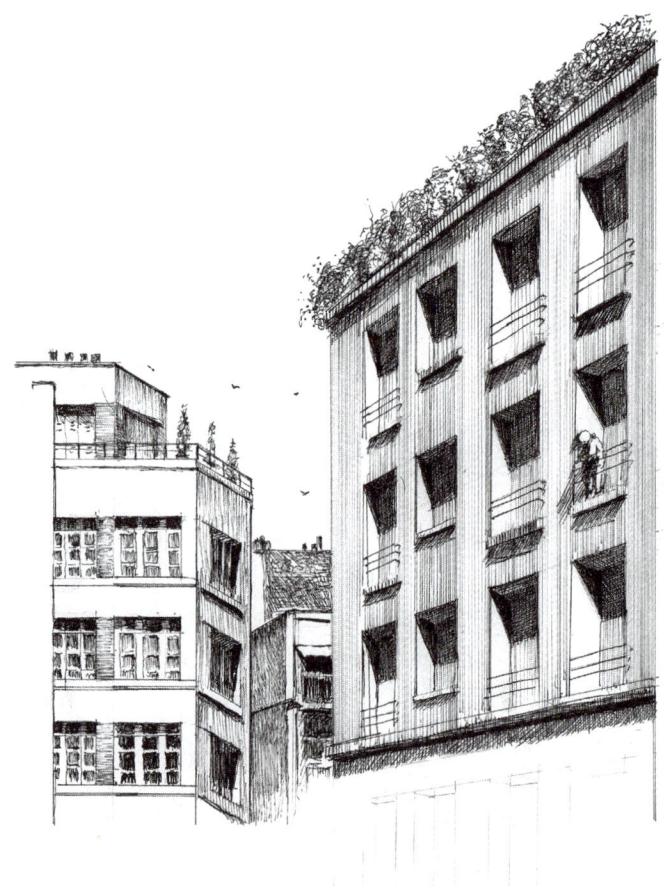

2h20

La dramatización de la luz

La puesta en escena de la luz es crucial también en la composición de un dibujo artístico. De la misma forma que la posición del sol nos produce distintas sensaciones, ya sea la calidez tenue del atardecer o el calor intenso del mediodía de verano, la luz puede aportar distintas atmósferas a un dibujo. Su posición y su intensidad tienen un impacto significativo en el objeto y su entorno. Las industrias del cine y del teatro son muy conscientes de esta idea y le sacan todo su partido.

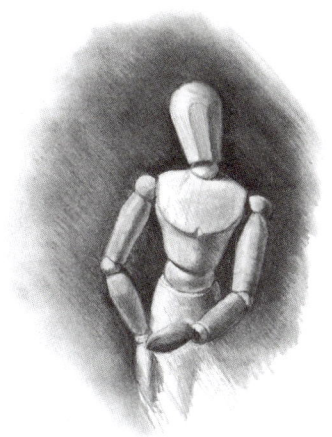

🕐 1 h

En este ejemplo, la luz procede del mismo lugar que en el caso anterior, pero por delante de la figura, oscureciendo el fondo. Las formas y los detalles del objeto salen a relucir, volviéndolo más cercano para el espectador.

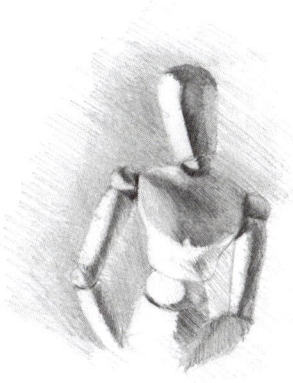

🕐 1 h

En este ejemplo, la luz frente a la figura, procedente de la parte inferior izquierda, produce un marcado contraste y acentúa las formas y los volúmenes. La ambientación remite a la soledad y crea una tensión dramática. El objeto parece más grande.

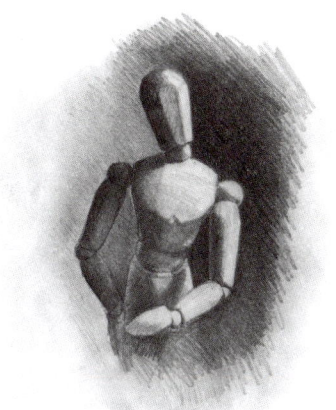

🕐 1 h 50

Aquí, la luz, bastante menos intensa, procede de la parte superior derecha, delante de la figura. Los contrastes, tanto del objeto como del fondo, aparecen considerablemente marcados. Los volúmenes se notan más y la sensación de distancia entre las distintas partes de la figura es más acusada, aproximando al espectador el brazo izquierdo. El número de contrastes añade dramatismo a la escena.

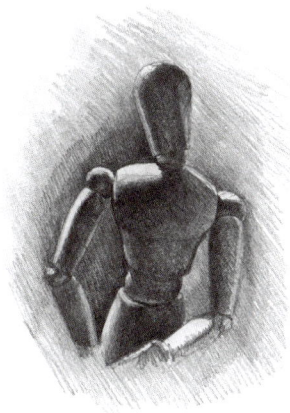

🕐 50 min

Aquí, la luz procede de la parte superior izquierda, por detrás de la figura. Se encarga de remarcar el contraste de la silueta y atenúa las formas y los detalles del interior. El tamaño del objeto parece más pequeño, provocando una sensación de suspense y confusión.

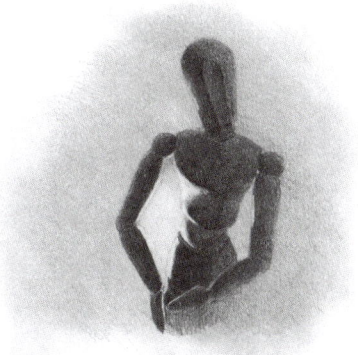

🕐 1 h 45

En este último ejemplo, la luz se encuentra a la izquierda, por detrás de la figura, con un marcado contraste entre el fondo y el objeto. Los detalles y volúmenes no se perciben con claridad, disminuyendo el tamaño del objeto y restándole profundidad a cada parte, como ocurre entre el torso y el brazo. La atmósfera es sobria y misteriosa.

Los valores tonales

Cuando hablamos de valores tonales nos referimos a las distintas tonalidades que se nos presentan en una escala entre la luz más brillante y la sombra más oscura. En dibujo, y concretamente a la hora de representar el volumen, el contraste juega un papel clave. Utilizar correctamente los distintos tonos de la escala de gris, desde el blanco hasta el negro, resulta fundamental.

Antes de continuar, dejemos clara la diferencia entre valor y tono: el valor está asociado a la presencia o ausencia de luz, mientras que el tono está ligado a la variación de colores, como pueden ser las diferentes tonalidades del azul. La diferencia en la claridad u oscuridad de dichos tonos es lo que determina el valor.

La escala de grises

La escala de grises se representa generalmente mediante 8 o 10 tonalidades, pese a que en la realidad estas son infinitas entre la oscuridad más profunda y la luz más intensa. Por razones eminentemente prácticas, hablaremos de 8 tonos comprendidos entre el negro y el blanco.

Simplificación de la escala de grises

Para utilizar la escala de grises como corresponde, vale la pena comenzar el dibujo por lo más simple e ir avanzando hacia una mayor elaboración.

Dicho de otra forma, si contemplamos por ejemplo un pueblo, nuestra primera reacción nos puede llevar a concentrarnos en detalles, como puertas, ventanas, peatones, o los colores y la decoración de cada casa. No obstante, si queremos dibujar de la forma más eficaz, conviene hacerse una visión de conjunto antes de perderse en los detalles. Procederemos a distinguir la luz de la sombra mediante una escala de grises reducida a tan solo tres tonos: un blanco (el color del papel), un gris claro y un gris oscuro, sin llegar a ser completamente negro.

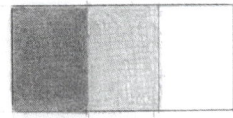

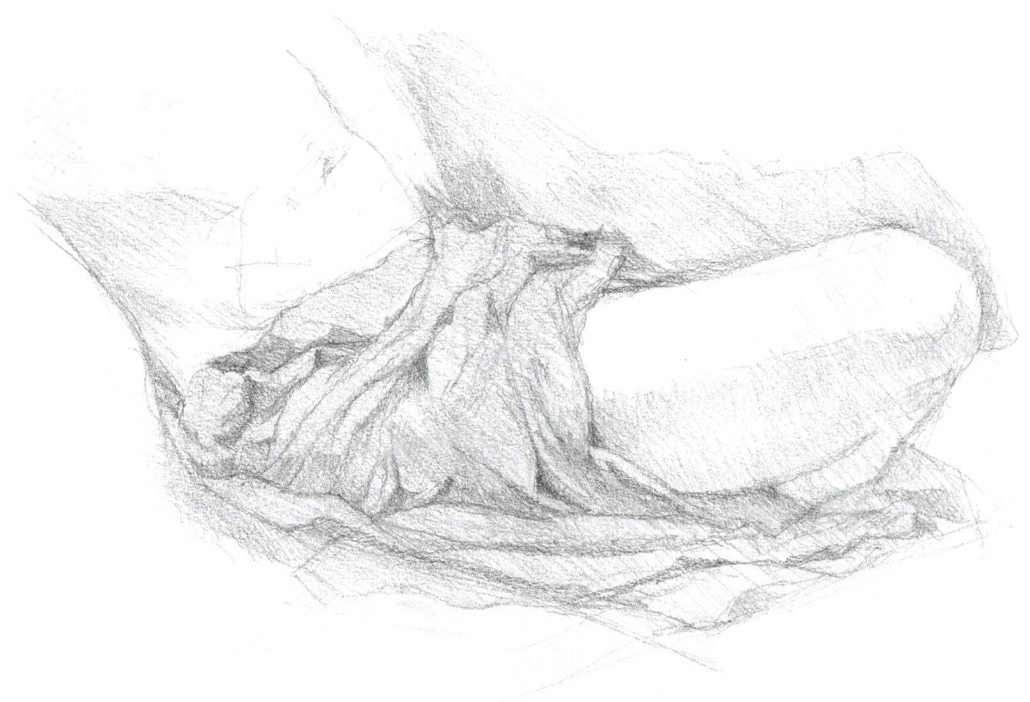

De esta manera, limitando los valores a tres tonos, establecemos una base sólida que luego nos permitirá ir progresando gradualmente hacia un uso más variado del gris.

Ampliando la escala de grises

En una segunda fase, podemos añadir más detalles ampliando nuestra escala de grises hasta los 8 tonos.

Mediante este método, reducimos la posibilidad de cometer errores en relación con el tono apropiado de los valores, recordando que todo objeto o parte de un objeto que se encuentre a la sombra no puede jamás ser más claro que su parte iluminada.

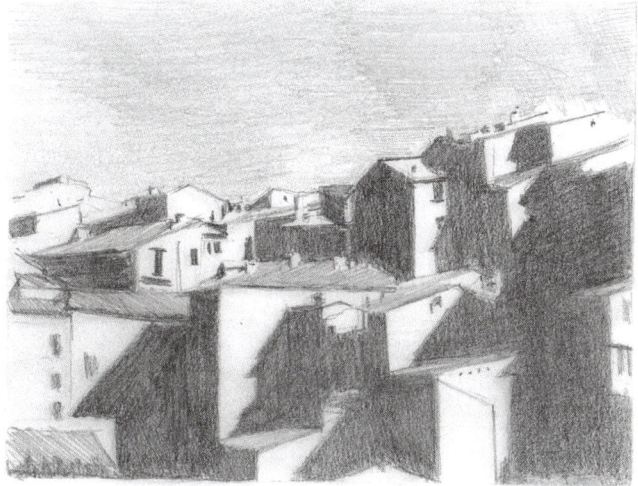

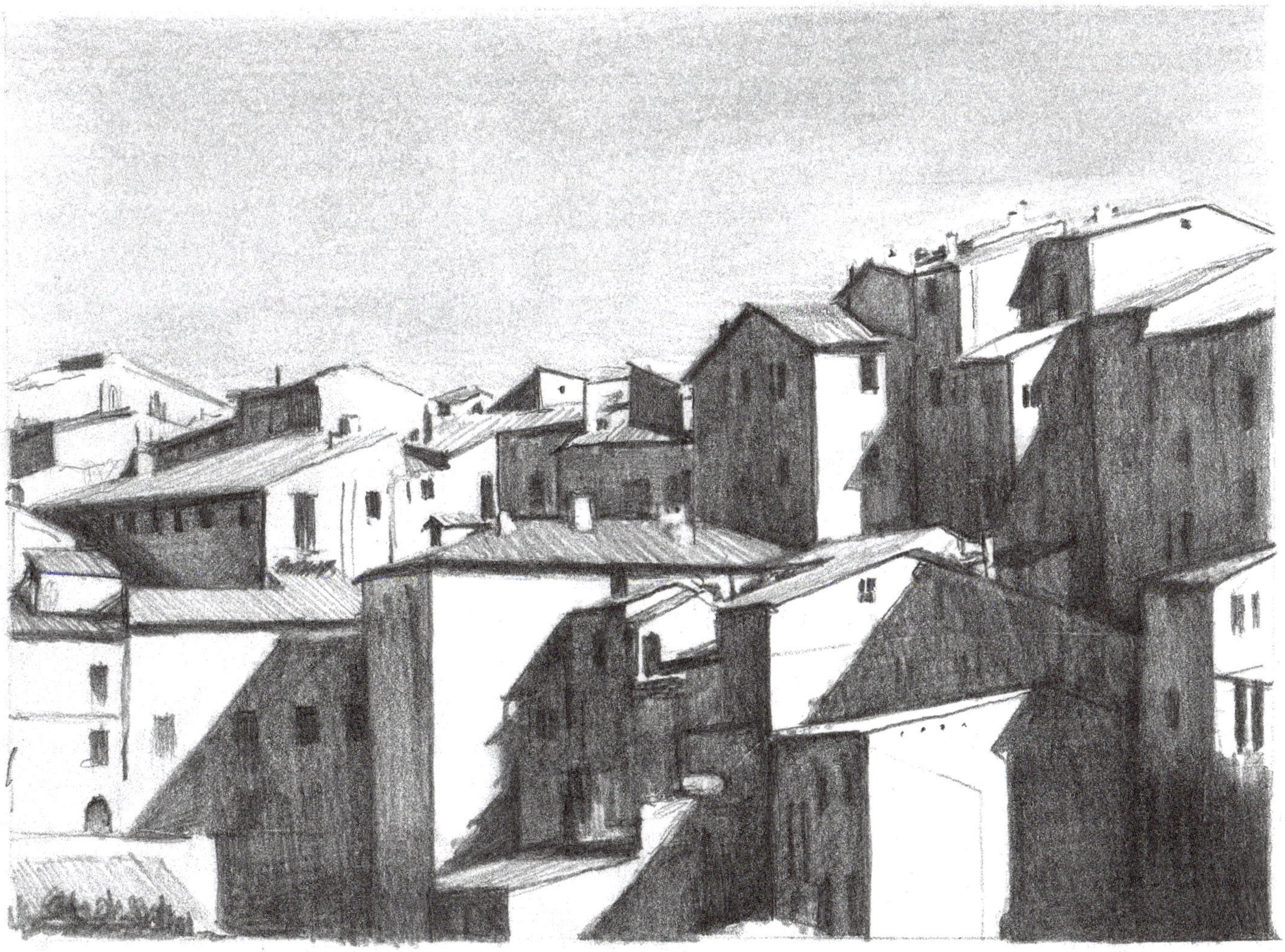

🕐 2h

Los valores tonales y la creación de la sensación de profundidad

Existe una aproximación a la perspectiva, ampliamente utilizada por los artistas, que no se fundamenta en las líneas o en las formas, sino que se apoya en los valores y en las tonalidades. Yo la denomino «perspectiva ambiental» o «atmosférica». Dicha técnica está basada en que, cuanto más se aleja del espectador un objeto, más claro y difuso se vuelve. Por lo tanto, si queremos representar la distancia, debemos emplear tonos más claros y menos detalladas a medida que el objeto se nos presenta más alejado. En contrapartida, nos esmeraremos más en los contrastes mediante valores más oscuros y un mayor detalle conforme los objetos aparezcan más cerca del espectador.

En este dibujo en el que se representa un bosque, la profundidad se ha logrado expresar no solo mediante una escala de valores que va degradándose progresivamente en cada árbol a medida que estos se alejan hacia el horizonte, sino también a través de la pérdida y la fusión de detalles y contornos.

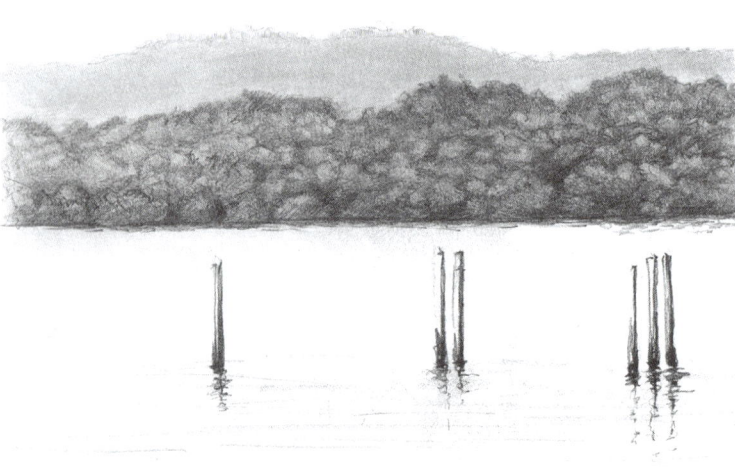

⏱ 45 min

En este paisaje, el gris muy claro de las montañas, carente de detalle, resalta especialmente entre estas y los árboles. Por su lado, los árboles, están representados mediante tres tonalidades de gris y enfatizan el volumen y los detalles sin llegar a poseer un gran contraste con tal de mantener la sensación de distancia. El primer plano siempre mostrará mayor detalle y contraste que los planos restantes, como ocurre aquí con los postes en el agua.

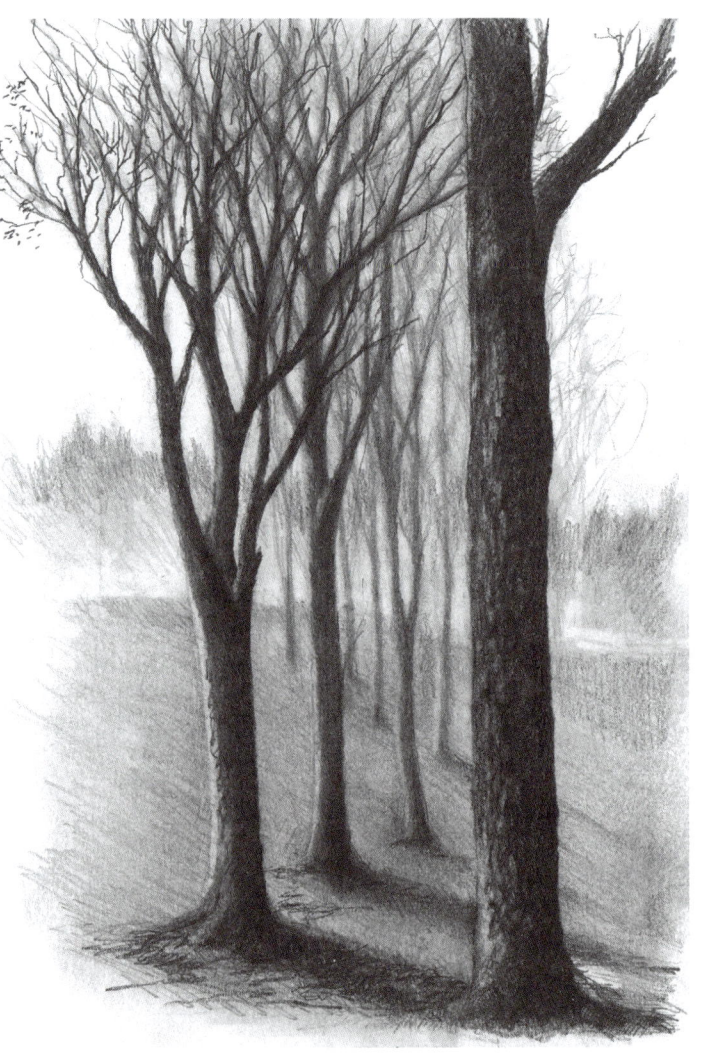

⏱ 1 h 30

El contraste y la acentuación del volumen

Según mi experiencia como profesor, el uso del contraste para dar valor al volumen es una técnica difícil de dominar para quienes empiezan a dibujar. Es habitual en ellos la tendencia a evitar un contraste excesivo en sus dibujos y, en cambio, prefieren utilizar una escala de valores cercana a la luz y rehúyen trabajar con grises más oscuros. Muestra de ello es este primer ejemplo, en el que el círculo gris no sobresale demasiado del fondo.

La forma apropiada de otorgar valor al volumen y conseguir una representación más realista del objeto dibujado consiste en trabajar con contrastes significativos entre valores. Esto supone no solo que los valores estén lo suficientemente alejados unos de otros, sino también procurar que el círculo interior gane en luminosidad. .

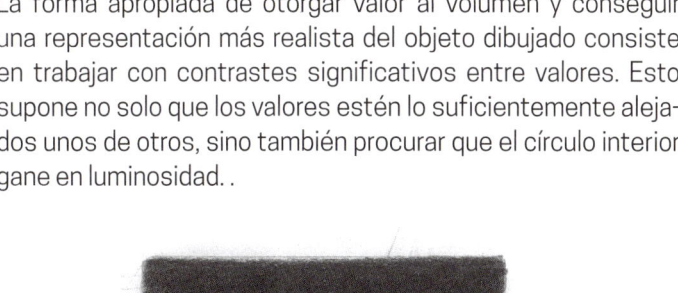

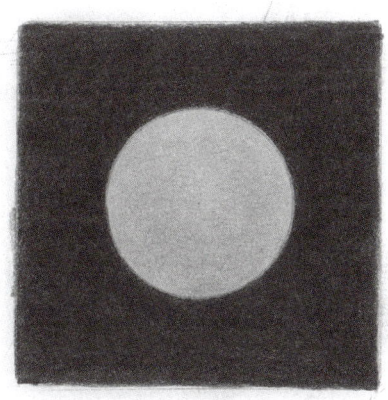

He aquí algunos consejos para incrementar la sensación de volumen y lograr la mayor apariencia posible de tridimensionalidad en vuestros dibujos. Conviene tener en cuenta que el aumento de la luz comporta igualmente una intensificación de la oscuridad. Si queremos que los blancos sobresalgan más, debemos oscurecer bastante las zonas a su alrededor. Es recomendable siempre comenzar separando las zonas de luz de las zonas oscuras, para después trabajar las sombras con distintas tonalidades de gris, sin perder de vista que, en esas mismas zonas, los detalles deberán ser menos visibles.

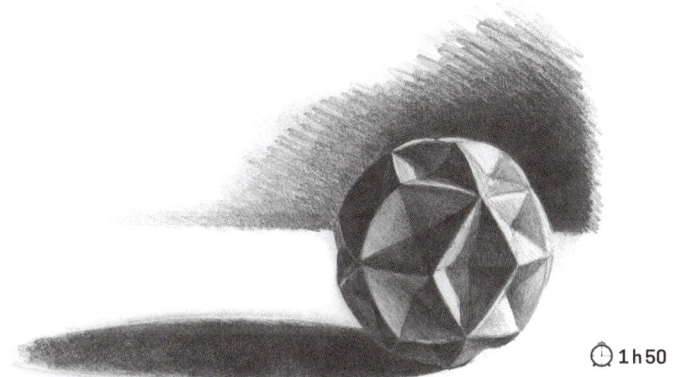

⏱ 1 h 50

Cuanto mayor sea el contraste utilizado, más pronunciada será la sensación de volumen de vuestro dibujo.

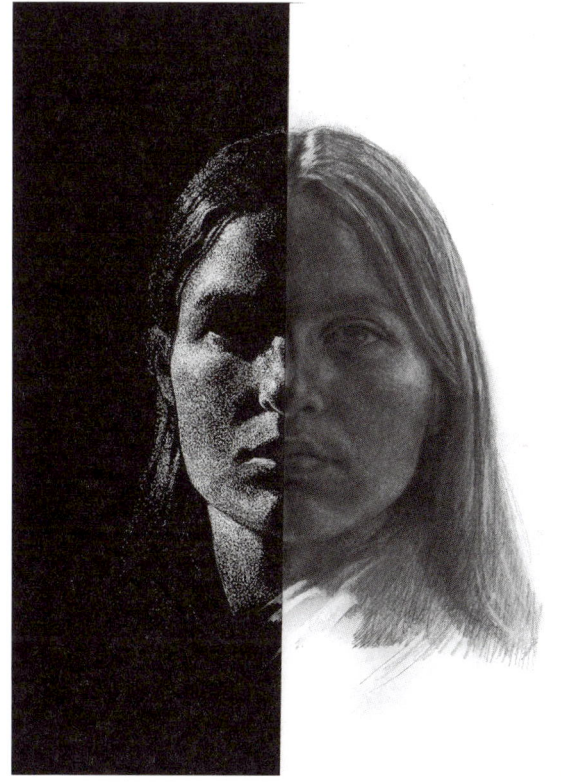

⏱ 3 h

La construcción del dibujo

Existen muchos métodos para aprender a dibujar, pero podríamos clasificarlos en tres categorías principales.

Las líneas curvas

Este primer método se basa en formas como los círculos, los óvalos y otras figuras curvas que nos sirven para dibujar objetos específicos. Ampliamente utilizado en el ámbito del cómic y del diseño gráfico, tiene sus orígenes en el Renacimiento italiano. Nos permite trabajar con libertad, de un modo imaginativo, creando objetos sin necesidad de contar con un modelo real. En mi caso, acudo a él cuando quiero dibujar de forma rápida y fluida, centrándome en la forma y el movimiento antes que en el volumen.

Las líneas rectas

El segundo método prioriza la construcción de líneas rectas que forman figuras geométricas simples (cuadrados, rectángulos, triángulos, etc.) para crear los planos internos de los objetos. Desarrollaré esta técnica con mayor detalle en los próximos capítulos.

La combinación de líneas rectas y curvas

Si combinamos ambos métodos, conseguimos un dibujo bastante preciso, al tiempo que conservamos la espontaneidad y el dinamismo de la construcción que aportan en las curvas. No obstante, este caso exige un considerable dominio de las proporciones y volúmenes del sujeto y del claroscuro. Este enfoque mixto nos permite captar la esencia y la profundidad del objeto mediante la libertad y el movimiento de la línea, destacando a la vez las formas y su juego de luz y sombra de forma armónica.

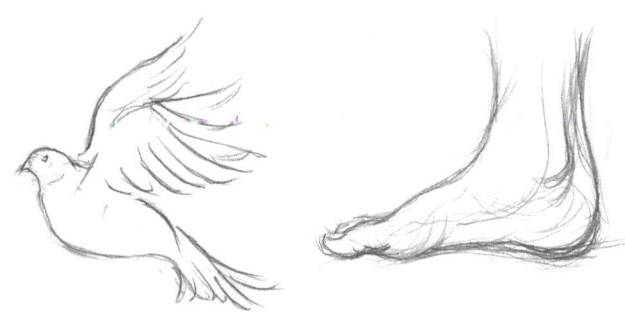

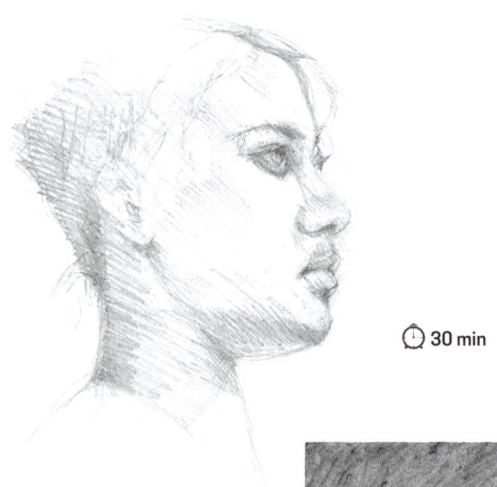

🕐 30 min

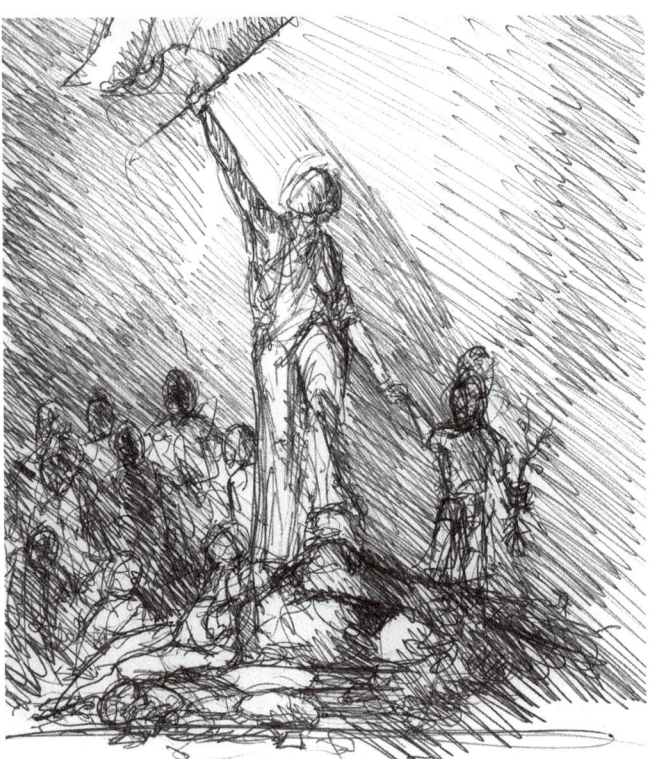

🕐 20 min

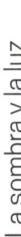

🕐 1 h 30

Las figuras geométricas

Como he avanzado en la página anterior, este método se basa en la construcción de figuras geométricas mediante el uso de líneas rectas —sobre todo el cuadrado, el rectángulo y el triángulo, que enseguida pasan a convertirse en cubos, paralelepípedos y pirámides— para poder construir formas más complejas.

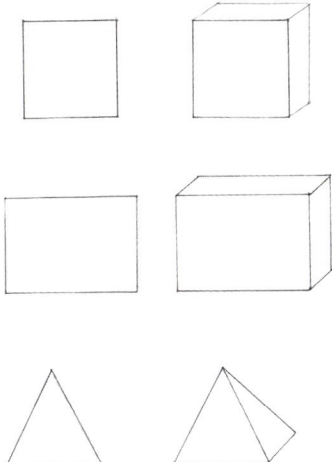

A partir de esas tres formas básicas, somos capaces de construir elementos como un rostro o un árbol. Este enfoque puede sernos muy útil para comprender y elaborar la forma, ayudándonos a crear la sensación de tridimensionalidad en un espacio de dos dimensiones y a emplear con mayor eficacia la escala de valores.

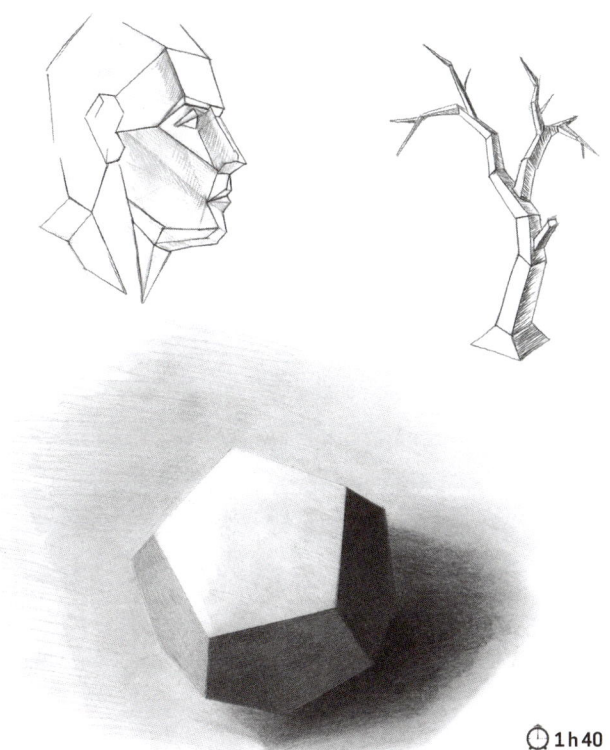

🕐 1 h 40

Cuando trabajamos con formas como un cilindro o una esfera, puede resultarnos difícil entender cómo debemos aplicar la escala de valores, debido a que sus superficies curvas carecen de rupturas o contrastes marcados entre los distintos tonos de gris. Sin embargo, si las dividimos en varias caras planas (o facetas), nos será mucha más fácil otorgar al objeto los valores mediante una escala de grises.

Este es el método que aplicaremos en los próximos capítulos, hasta el final del libro.

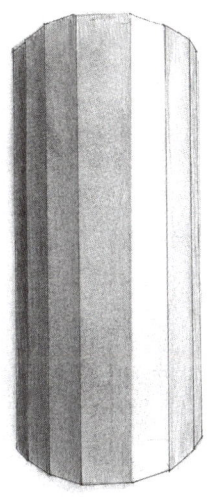

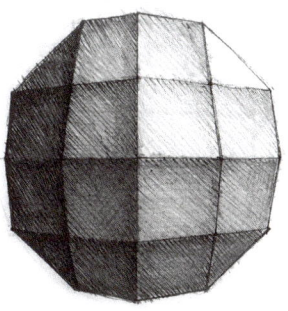

La construcción de los planos de un objeto

Llevar a cabo las caras o facetas de un objeto empieza con la creación de distintas representaciones empleando las formas geométricas que hemos mencionado hasta ahora. Pongamos como ejemplo una fresa: ayudándonos de formas simples, empezaremos buscando las formas y facetas que respetan las proporciones del fruto.

A continuación, nos ocuparemos de los valores a partir de una escala de grises, sin perder de vista la dirección de la luz para representar correctamente las sombras y los reflejos sobre la figura.

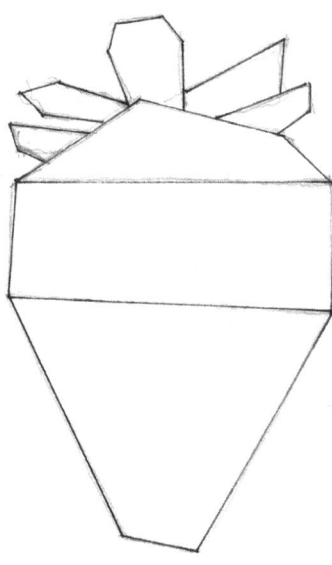

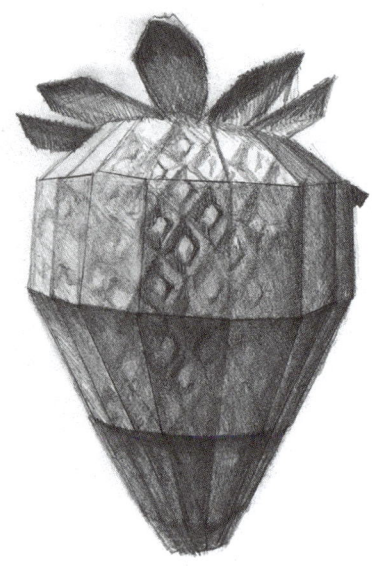

Una vez terminada esta primera fase, detallaremos cada faceta de la figura por separado, teniendo en cuenta su profundidad y sus tres dimensiones.

Este proceso nos garantizará una representación precisa y detallada del objeto, desde las formas que lo componen hasta los valores de luz y sombra, permitiéndonos una comprensión completa de su estructura tridimensional

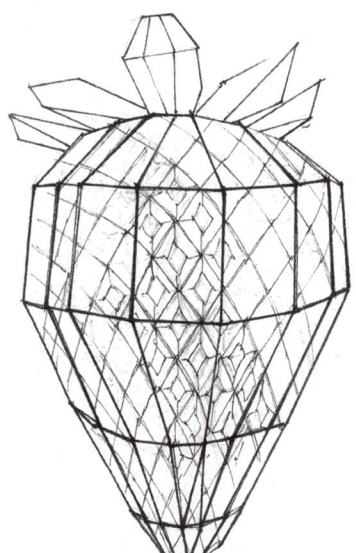

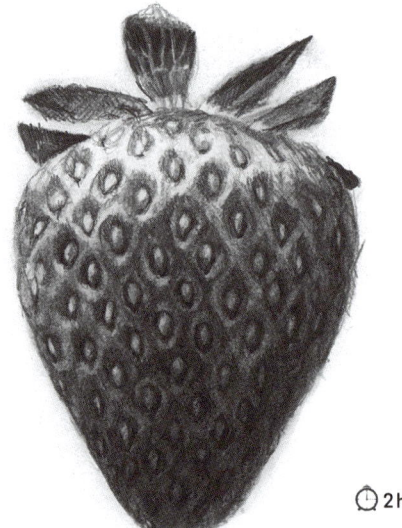

⏱ 2 h

Antes de dar por terminado este capítulo, quisiera hacer una pequeña aclaración acerca del método expuesto. Las fases que hemos ido detallando han sido aducidas a modo de ejemplo con el fin de ilustrar el proceso de construcción de cada faceta del elemento representado. Una vez entendido el proceso, no es necesario que en adelante sigamos cada paso al pie de la letra; podemos simplificar cada una de las fases y obtener igualmente el mismo resultado.

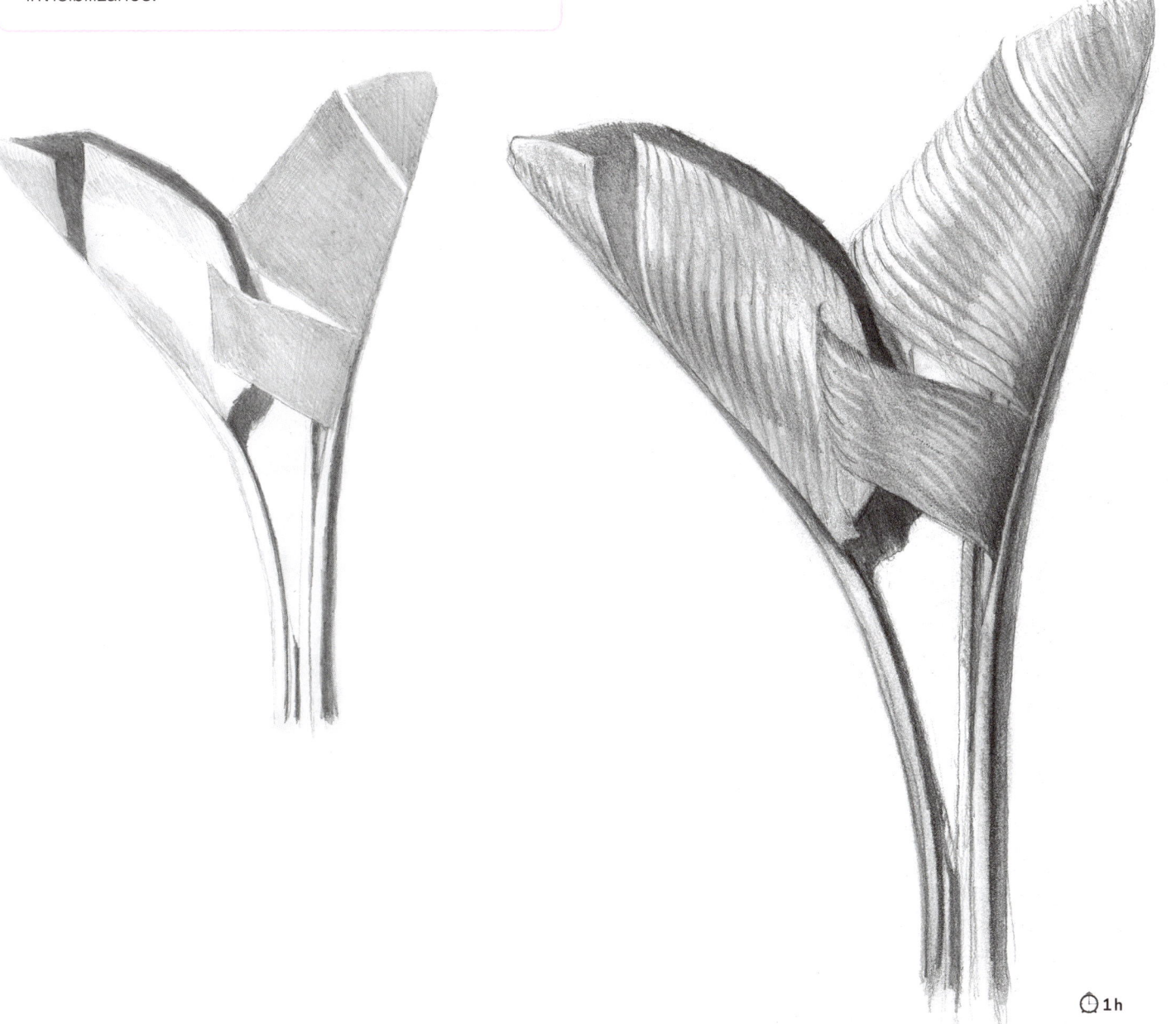

1 h

El cuerpo humano

El cuerpo humano ha sido uno de los objetos de representación más frecuentes y estudiados a lo largo de toda la historia del arte. Para poder alcanzar un resultado preciso y fiel, no solamente debemos dominar la técnica del claroscuro y el volumen, también es necesario sumergirse en el estudio minucioso de la anatomía. Su conocimiento avanzado es esencial para comprender plenamente el fascinante sujeto que es el ser humano.

Mi intención es abordar el cuerpo humano comparándolo con el ensamblado de piezas de un robot. Cada una de estas, por lo tanto, será construida a partir de formas geométricas simples, procurando no hacer referencia a los músculos, a los huesos o a las proporciones ideales en la medida en que nuestro principal objetivo aquí es la exploración del volumen a través del claroscuro. Para ello deberemos tener en cuenta, más bien, las articulaciones o puntos de anclaje, que nos permitirán hacernos una idea de cómo unir las distintas partes del cuerpo en su conjunto.

Las fases de construcción

Mi proceso de construcción del cuerpo empieza con el uso de formas geométricas que nos sirvan de base.

En segundo lugar, profundizo en la representación de las distintas facetas mediante líneas rectas.

Después, me centro en las escala de valores de cada parte, teniendo en cuenta siempre la ubicación de la fuente de luz y trabajando con una escala de grises reducida, tal y como hemos explicado en capítulos anteriores.

Finalmente, aumento la escala de grises para suavizar cada faceta mediante degradados más sutiles, además de redondear las líneas que me han servido de guía durante la construcción. Esta aproximación meticulosa y progresiva me permite capturar y entender la estructura del cuerpo humano en sus tres dimensiones de un modo más detallado y significativo.

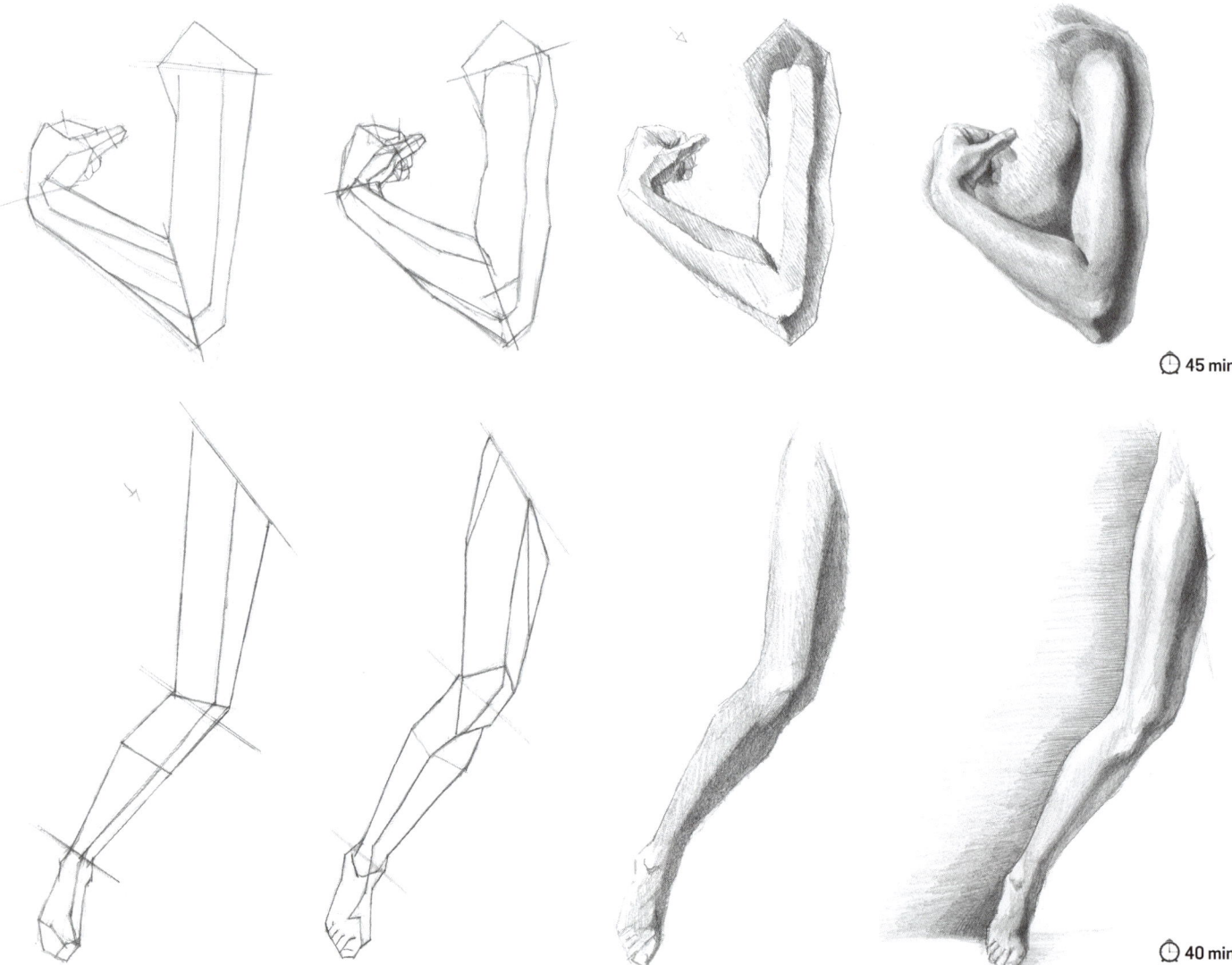

🕐 45 min

🕐 40 min

🕐 35 min

🕐 35 min

🕐 45 min

El rostro

En el estudio artístico, el rostro es un elemento fascinante y singular, tanto por su complejidad anatómica como por su profundidad psicológica, en la medida en que transmite sensaciones y emociones. Para explorarlo en toda su medida, se requieren múltiples conocimientos técnicos y teóricos. Con todo, aquí me centraré de manera simple y clara en el uso del claroscuro en el retrato.

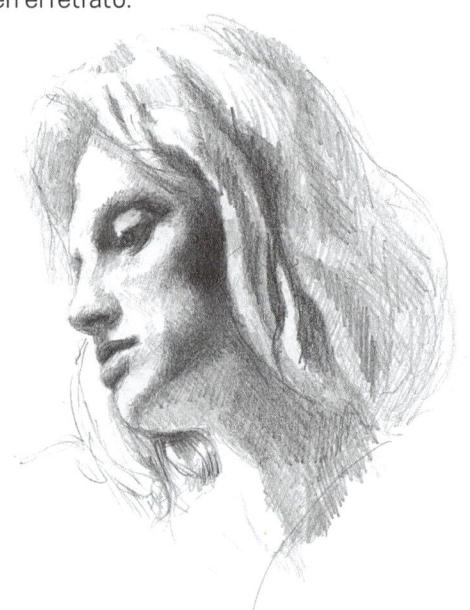

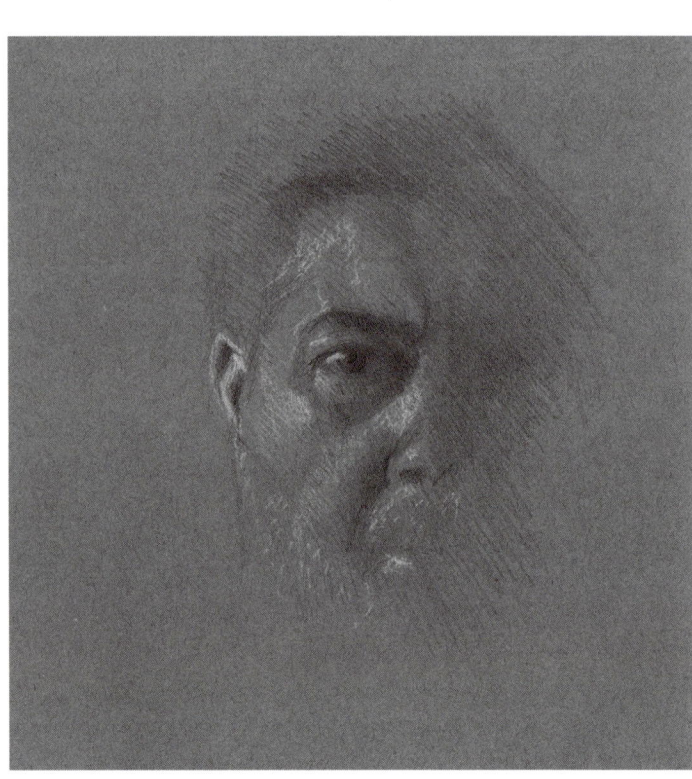

De todas formas, antes de abordar la construcción del rostro, es importante considerar varios factores importantes que nos permitan obtener una representación realista del volumen.

En cuanto al cráneo, debemos saber que solo la mandíbula inferior es capaz de moverse o desplazarse. Si bien existen otras partes móviles, como los músculos y los ojos, es esencial que nos fijemos en la amplitud de movimientos de la mandíbula, pues esto puede determinar el aspecto del rostro.

Debemos considerar en todo momento el eje vertical que divide el rostro en dos partes iguales, desde la frente hasta el mentón.

Existen también cinco ejes horizontales, que son siempre paralelos entre ellos, salvo el último, que se encuentra a la altura del mentón y forma parte de la mandíbula inferior, de modo que puede variar. Estos ejes corresponden al límite entre el cabello y la frente, la línea de las cejas, el eje que pasa por los dos ojos, la parte inferior de la nariz y el eje de la boca.

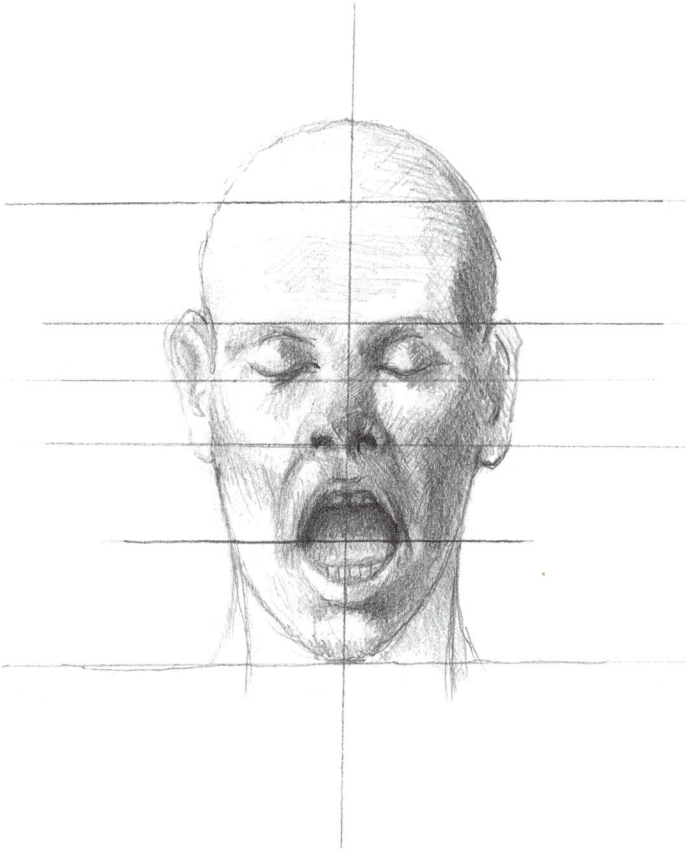

Todos ellos están representados en los dibujos de la página siguiente formando ángulos rectos entre las líneas horizontales y el eje vertical, independientemente de la posición de la cabeza.

Una vez asimilados estos puntos, podemos comenzar la construcción del rostro, primero de manera simplificada. A partir de las formas geométricas, reproducimos las principales formas del rostro, como el contorno exterior y el pelo, con tal de obtener las proporciones del sujeto, así como los ejes que acabamos de mencionar.

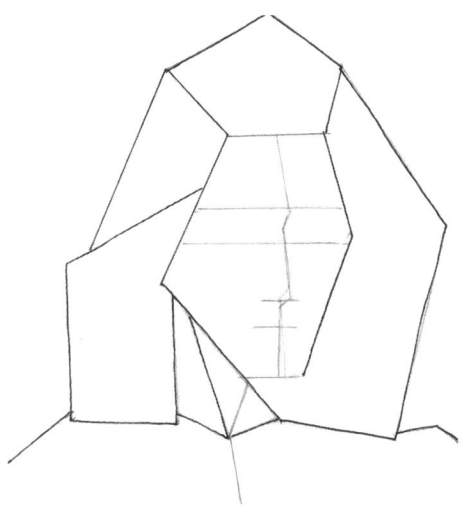

A continuación, formamos las facetas internas del rostro y del pelo, empleando el mismo método geométrico con tal de no perder de vista las formas y los volúmenes.

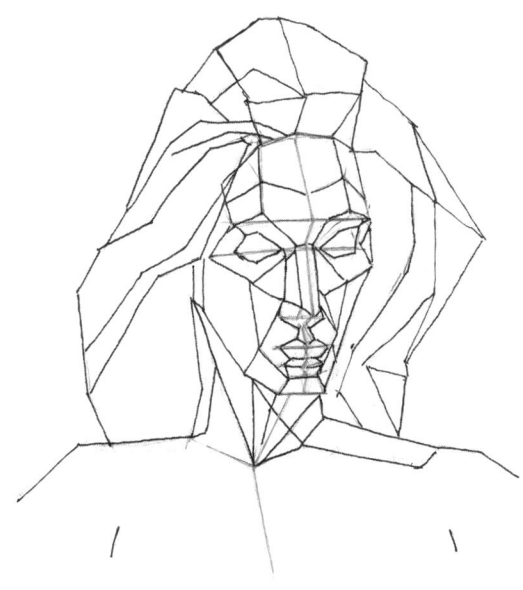

Seguidamente, pasamos a la fase del claroscuro observando la fuente de luz y utilizando una escala de tres valores (blanco, gris claro y gris intenso), lo que nos permite trabajar en cada faceta.

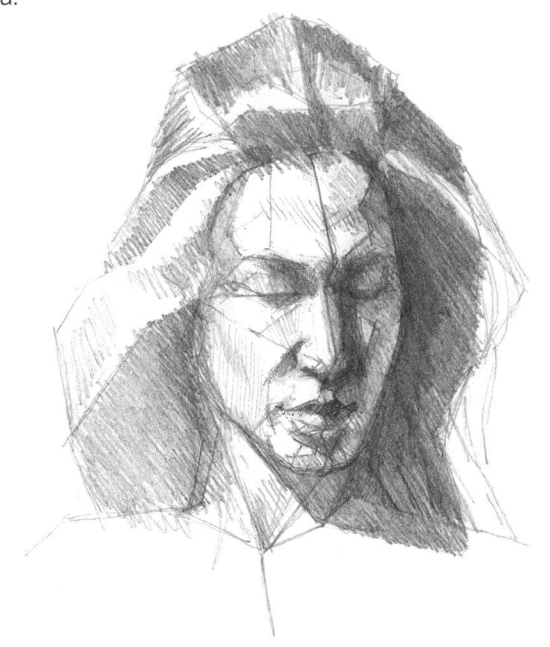

Por último, le añadimos los detalles y redondeamos cada faceta mediante una gama mayor de gris que nos permita crear un degradado y fusionar las facetas entre sí.

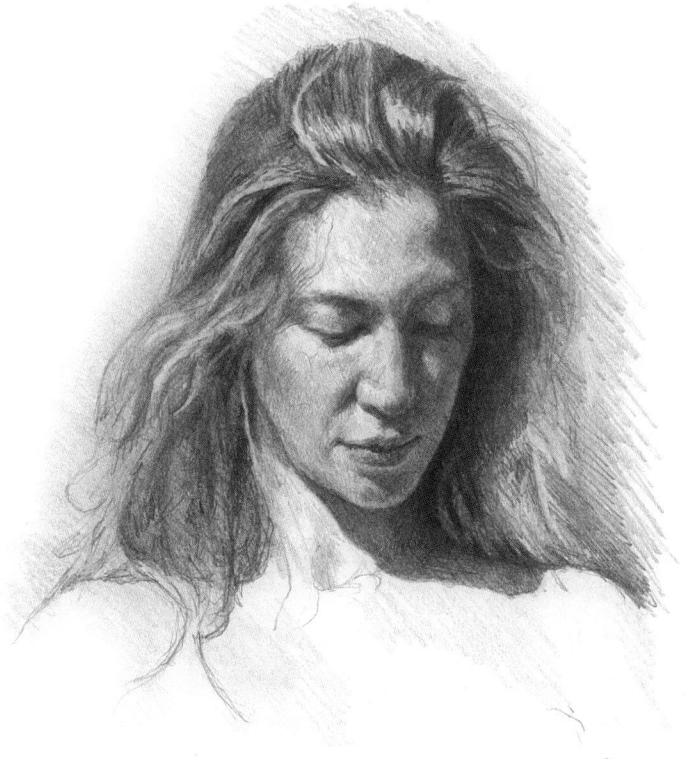

2 h 40

Los tejidos y los pliegues

Este tema ha ocupado un lugar especial durante mis más de treinta años de carrera, aunque no sepa explicar por qué… El estudio de los tejidos y sus pliegues implica muchos otros temas esenciales, como el color, la luz, las proporciones, el movimiento y la composición, entre otros.

En primer lugar, preguntémonos dónde y cómo está dispuesto el tejido. Si viste a una persona, el cuerpo y la forma que están debajo adquirirán toda la importancia. Si, en cambio, se trata de una cortina atada por un solo lado, los pliegues estarán más juntos por la parte colgada y serán más anchos conforme se vayan alejando.

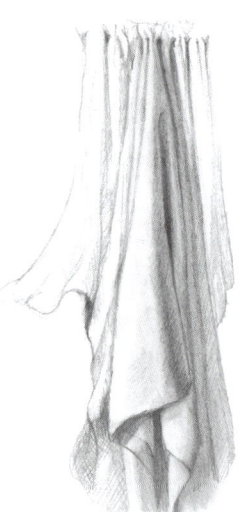

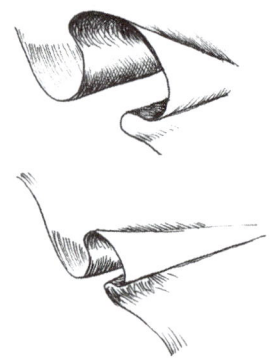

Fijémonos también en que el grosor de la tela influirá en la forma y en los ángulos de los pliegues. Un tejido muy fino formará pliegues más marcados, formando triángulos agudos, mientras que una tela más gruesa presentará menos pliegues y sus ángulos serán más obtusos.

En el lugar opuesto a un pliegue hay siempre una tensión. Cuando llevamos un pantalón y doblamos la rodilla, se forma un pliegue por detrás y por delante de la pierna, revelando la forma de la rodilla a través de la tela.

El pliegue casi siempre adopta la forma de una ondulación o de un cilindro. La transición de la luz hacia la sombra es progresiva, sin un corte limpio entre los valores, salvo entre dos pliegues donde la luz no puede penetrar y crea un gran contraste.

Se empieza con formas geométricas simples, que nos permitan reproducir las proporciones sin detenernos a reparar en los detalles y en las formas curvas.

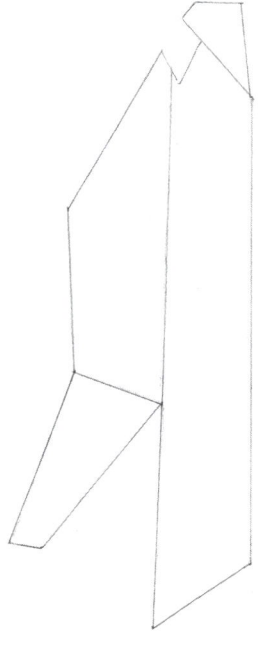

El añadido de detalles y de formas por ahora carentes de curvas, nos da una noción más precisa de cada faceta y el valor que le corresponde según la luz.

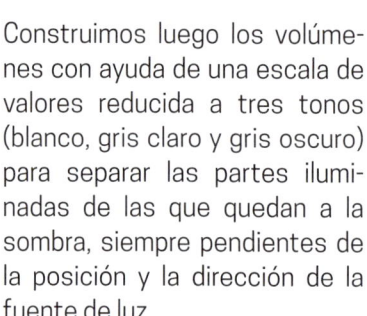

Construimos luego los volúmenes con ayuda de una escala de valores reducida a tres tonos (blanco, gris claro y gris oscuro) para separar las partes iluminadas de las que quedan a la sombra, siempre pendientes de la posición y la dirección de la fuente de luz.

Finalmente, ampliamos la escala de valores a ocho tonos para obtener mayores contrastes y detalles en los pliegues. Para alcanzar mayor realismo, redondeamos los trazos.

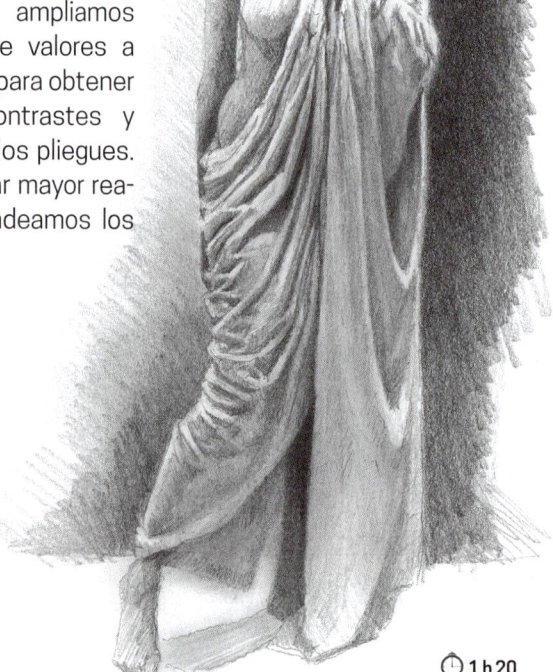

🕐 1 h 20

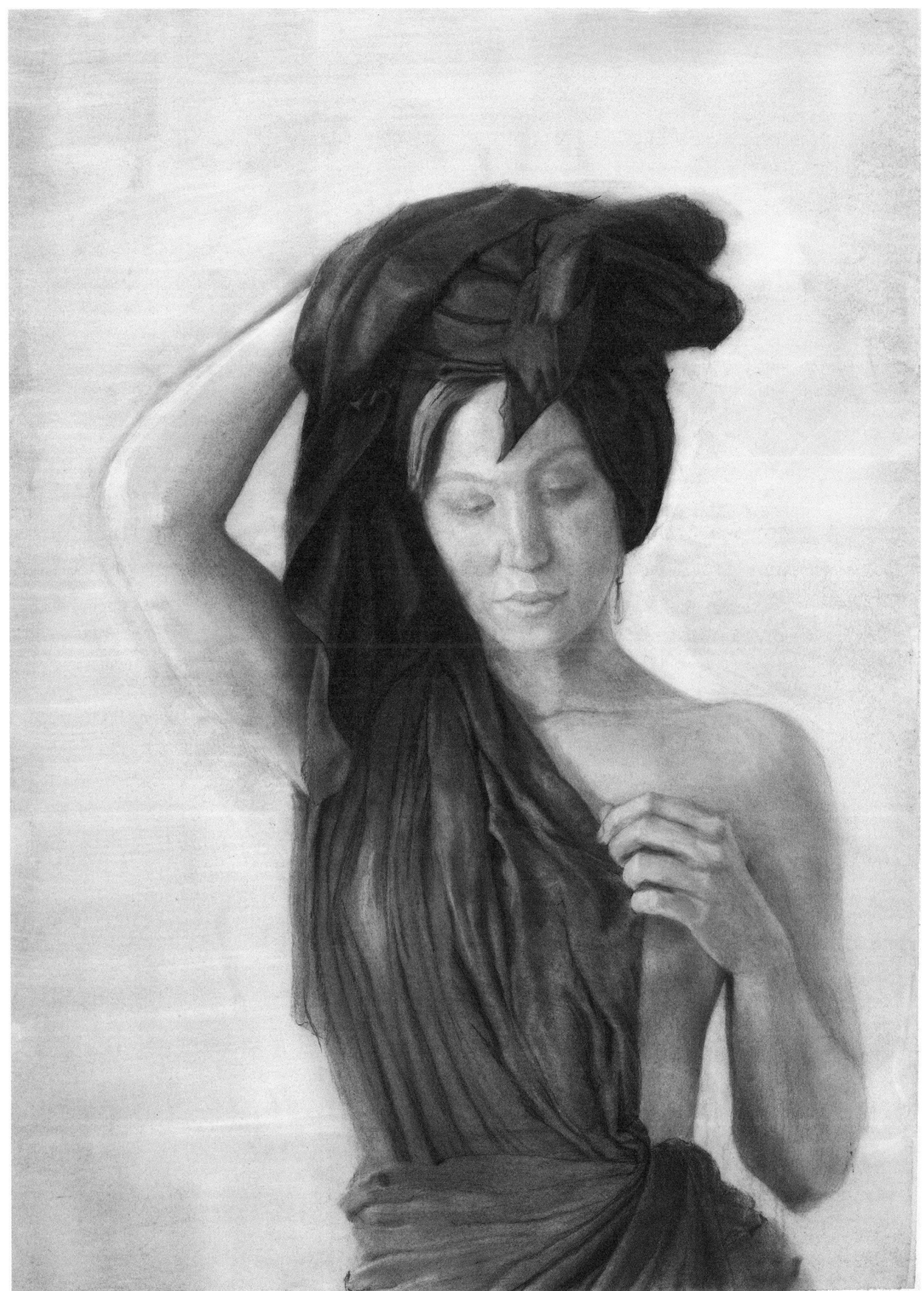

🕐 8h

Los animales: perros y gatos

Antes de volver a adoptar el método que acabamos de emplear, esta vez para dibujar estos animales, quisiera referirme al pelaje y a la manera de abordarlo en el dibujo. Conviene tener en cuenta que, cuanto más espeso es el pelaje, más se pierde la forma del cuerpo. Ocurre como en los humanos en invierno, cuando llevamos puesto un tupido abrigo, bufanda y guantes: la forma de los brazos y del torso se vuelve imprecisa. Así que he escogido representar un perro con un pelo bastante más espeso y largo que el de los gatos, que es fino y corto.

Ambos animales se construirán mediante el mismo método seguido hasta ahora. En la fase de los valores y los detalles debemos considerar la dirección del pelaje para reproducir su movimiento. En el caso del perro, las líneas serán más largas que en el gato.

Para comenzar a construir, debemos primero conocer y dibujar la forma de su cuerpo, con el fin de entender mejor la incidencia de la luz sobre las distintas facetas.

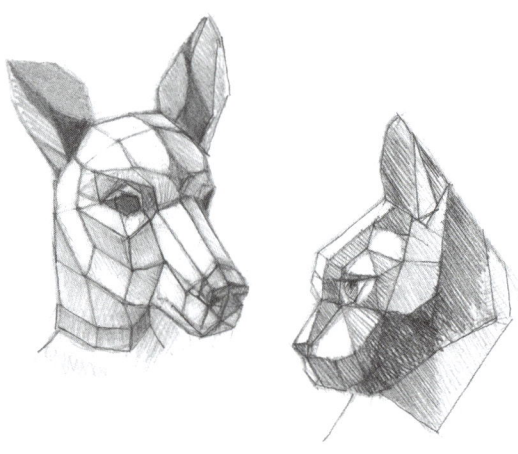

Después, podemos empezar a esquematizar el pelaje con la mente siempre puesta en las distintas direcciones que adopta el pelo y usando una escala simplificada de tres tonos.

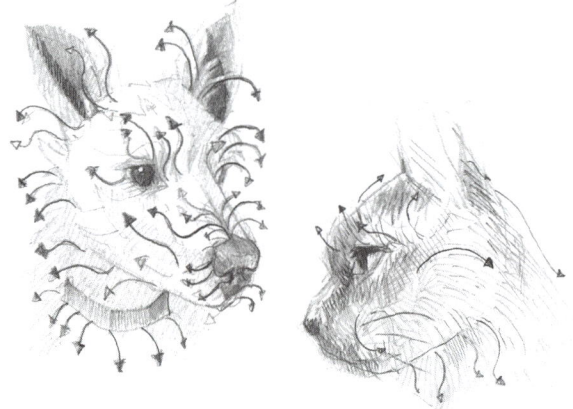

Es el turno de aumentar la escala de valores con tonos mucho más oscuros para generar más contrastes, sin olvidar la dirección de la luz.

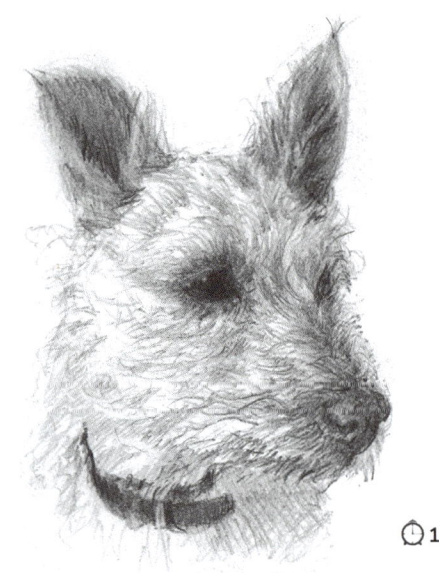

🕐 1 h

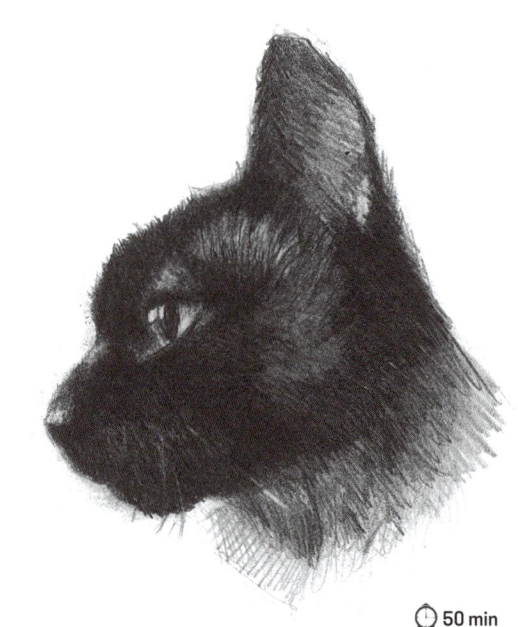

🕐 50 min

El paisaje

La representación de la naturaleza en el paisaje es un vasto tema artístico en el cual participan cantidad de aspectos, ya sea en dibujo o en pintura. De nuevo, vamos a concentrarnos aquí en la escala de valores, dejando de lado la cuestión del color. Por más que reduzcamos la complejidad de este asunto, siguen habiendo muchas nociones importantes en las que se debe ahondar, especialmente la profundidad y la perspectiva, que ya hemos comentado antes.

Nuevamente, seguimos el mismo principio de construcción formal mediante figuras geométricas simples, y empezaremos por un esquema con las formas principales del paisaje.

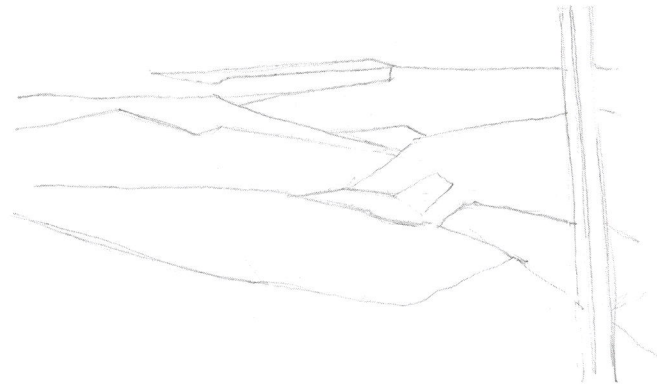

Tras esto, rellenaremos cada zona mediante una escala de valores, esta vez de tres o cuatro tonos. Esto nos permitirá crear ambiente y profundidad, sin preocuparnos todavía por los detalles.

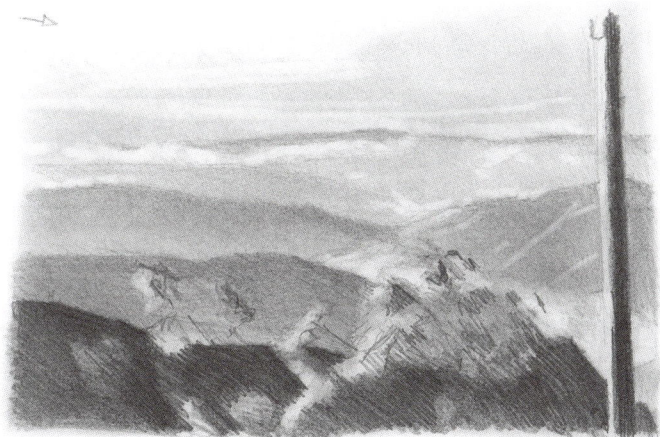

Terminaremos el dibujo expandiendo la escala de valores y acentuando los contrastes y detalles.

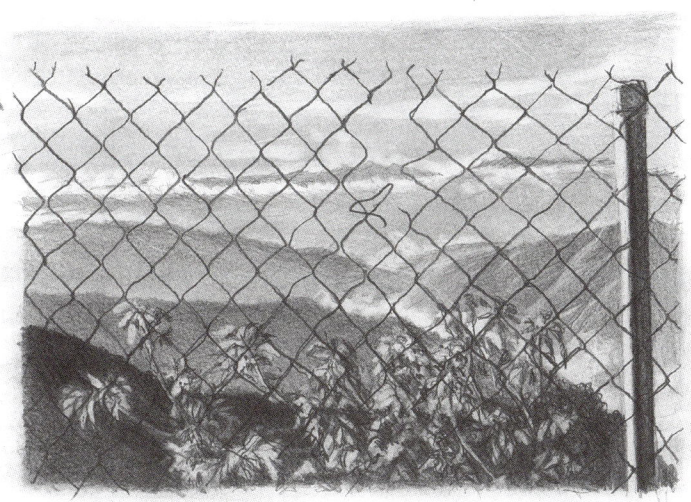

⏱ 2 h

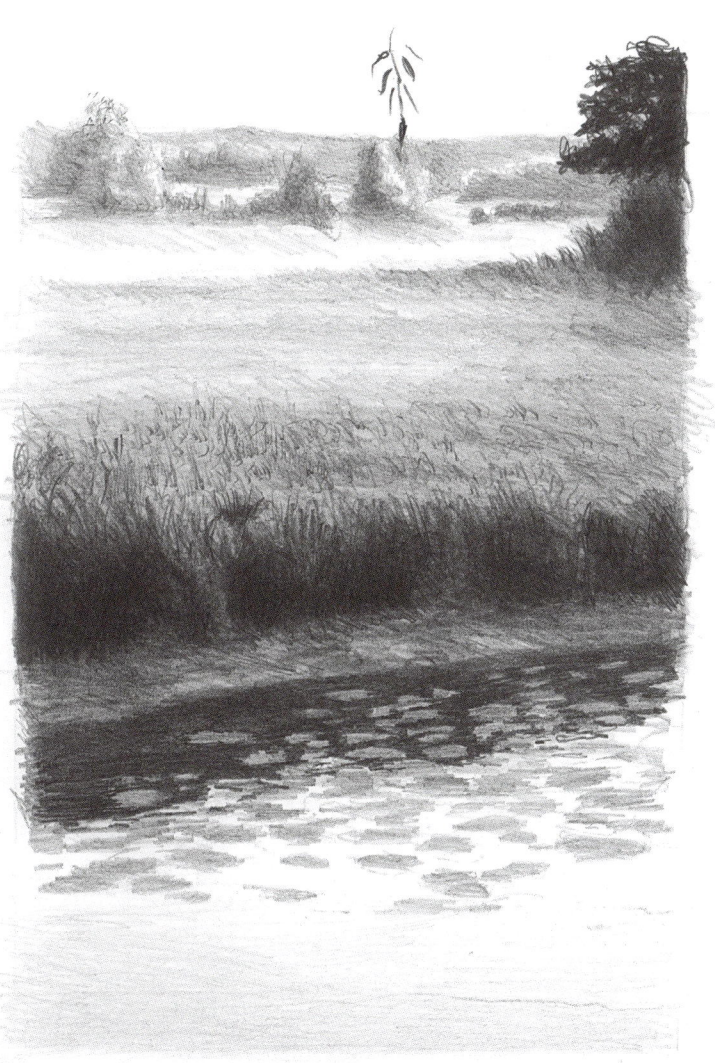

⏱ 1 h

El agua y los líquidos

Al dibujar, el agua puede adoptar diversas formas según el tema que queramos representar: no es lo mismo dibujar el mar que un vaso de agua o una simple gota, de ahí que sea imprescindible fijarnos en los diversos aspectos que puede adoptar este líquido.

Lo primero, la cantidad: cuanta más agua, menos penetra la luz, engendrando un fondo oscuro y reflejos variados, como sucede con el mar.

El movimiento del agua es visible gracias a las formas y ondas que esta produce, lo cual se traduce en reflejos y valores superficiales distintos, así como deformaciones de los cuerpos y objetos sumergidos.

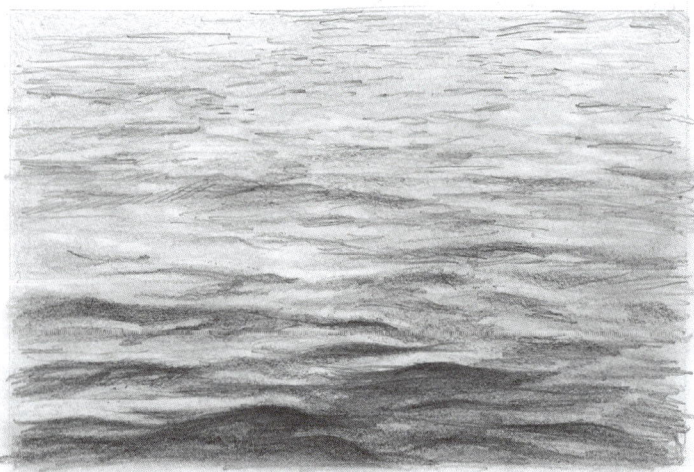

45 min

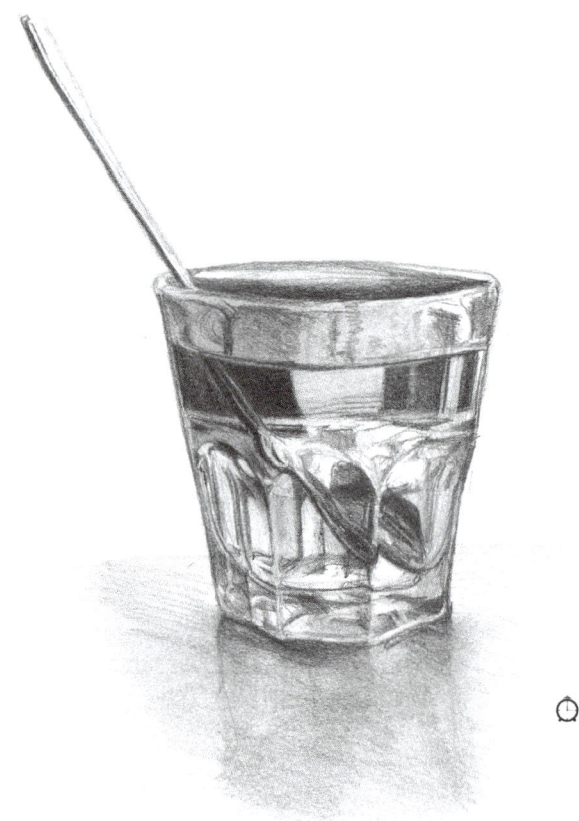

2 h

En cambio, si la cantidad de agua es menor —como en una piscina, por ejemplo—, la luz logra penetrar y nos permite ver mejor a través de ella, si bien la relación entre el agua y la luz cambia y deforma los objetos.

Cuando se trata de simples gotas, la sombra reflejada es muy ligera debido a la condición translúcida del agua, salvo en el borde entre el agua y la superficie que acoge las gotas.

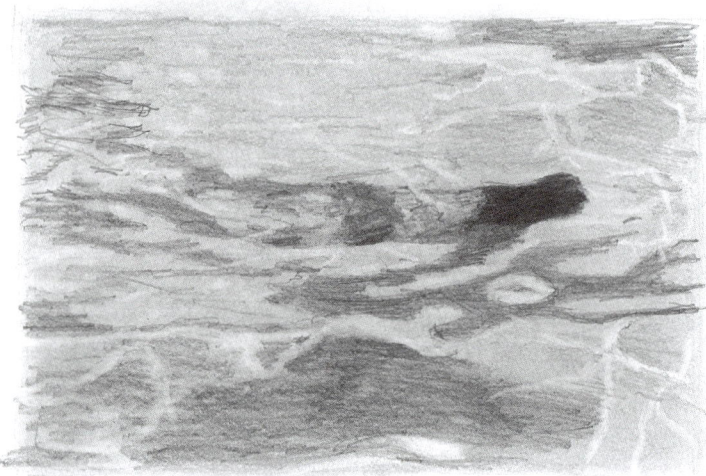

45 min

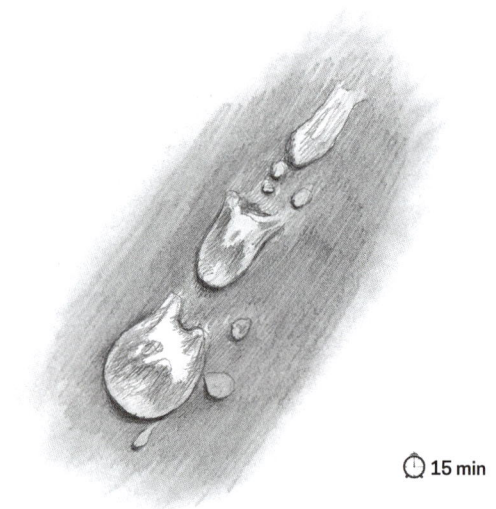

15 min

Las texturas

Pasemos ahora a ver cómo se construyen las texturas inventadas o la abstracción de texturas reales de plantas, animales u objetos.

La comprensión del volumen de un dibujo por parte de un observador le aporta una sensación de tridimensionalidad. Para lograrlo, es necesario tener en cuenta siempre la fuente de luz y dominar las diversas técnicas desarrolladas en este libro.

El dibujo que se muestra a continuación está basado en una planta suculenta que he interpretado a mi manera, basándome en su geometría, en la dirección de la luz y en el grosor y la forma de cada hoja. De esta manera, el dibujo resulta bastante realista.

Para los siguientes dos ejemplos me he inspirado en el fuego. El humo posee una forma y un movimiento particulares, que he procurado replicar mediante transparencia. La llama emerge de la luz que he creado gracias al contraste con la oscuridad del fondo.

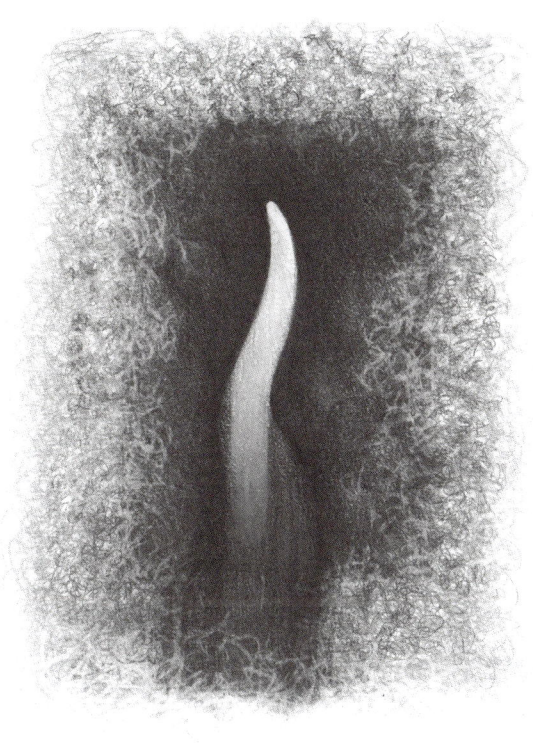

🕐 2 h

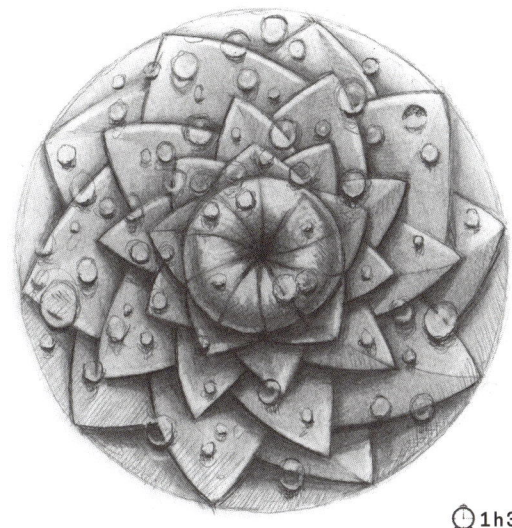

🕐 1 h 30

En este caso, me he inspirado en la textura de las superficies de barro al secarse. He observado las formas que se generan cuando la tierra se seca y las he simplificado a partir de un solo punto de luz para crear las luces y las sombras.

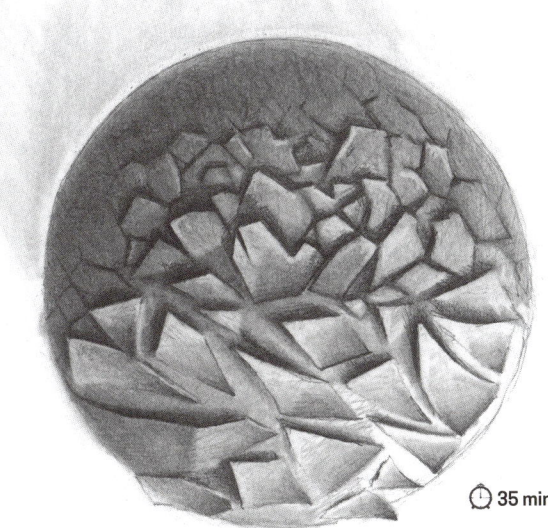

🕐 35 min

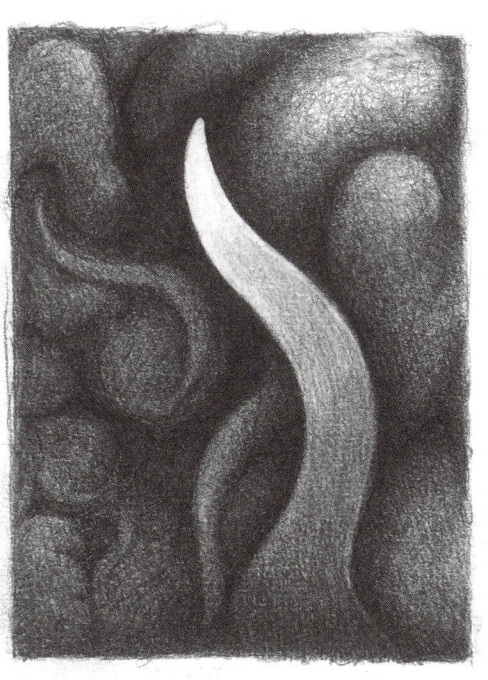

🕐 1 h 30

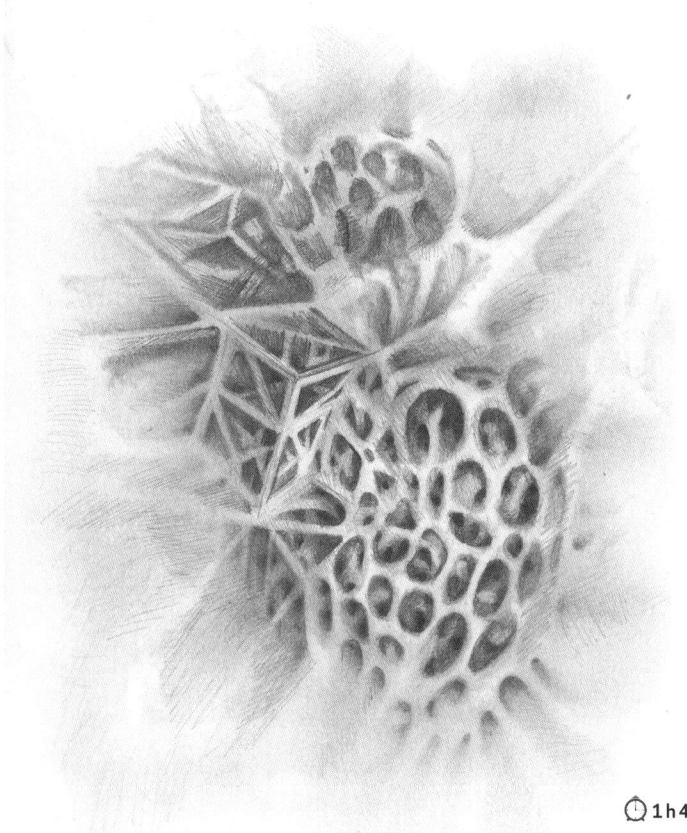

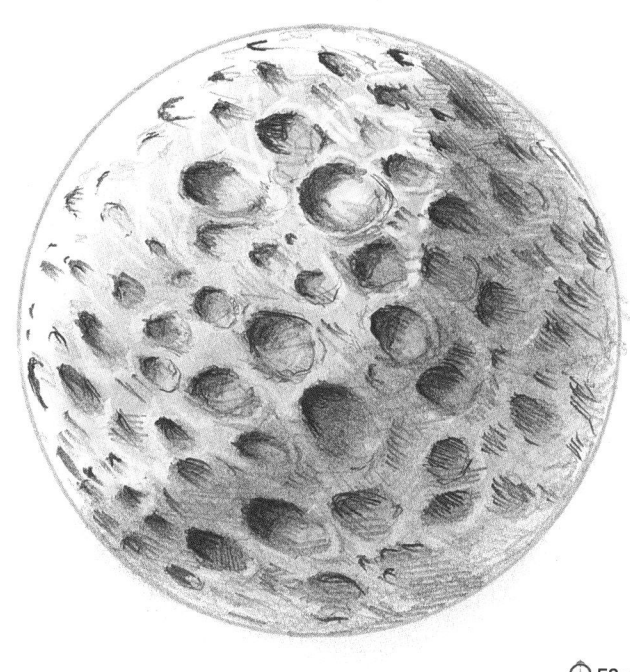

⏱ 1 h 45

⏱ 50 min

Tanto arriba como abajo, las texturas están basadas en la estructura de las esponjas marinas. La luz no es capaz de penetrar en las cavidades, que se ven más oscuras conforme son más profundas. De lo contrario, cuanto más cerca está su forma de la superficie, esta se ve más iluminada y se acerca más al blanco.

Para estos dos dibujos he tomado los cráteres de la Luna como inspiración, para dar mi propia versión libre, eso sí, conservando su efecto lumínico original. Ya sea de forma circular u ovalada, los cráteres tienen una parte iluminada y otra en sombra, cosa que permite recrear el efecto de su textura.

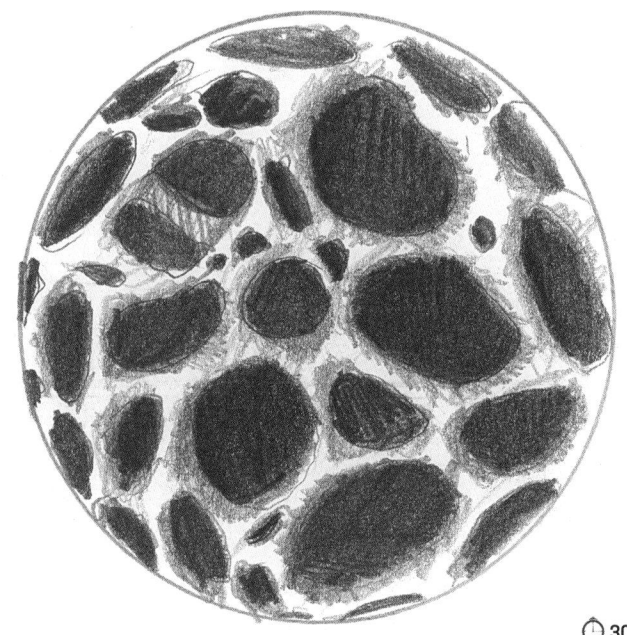

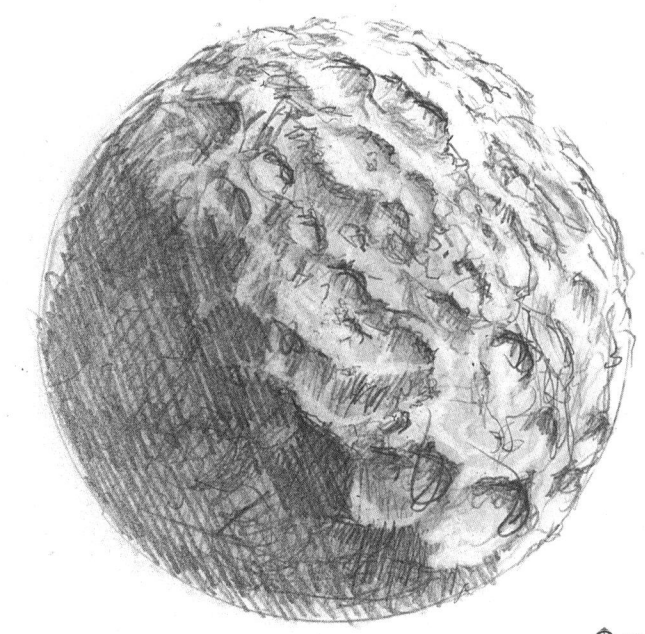

⏱ 30 min

⏱ 30 min

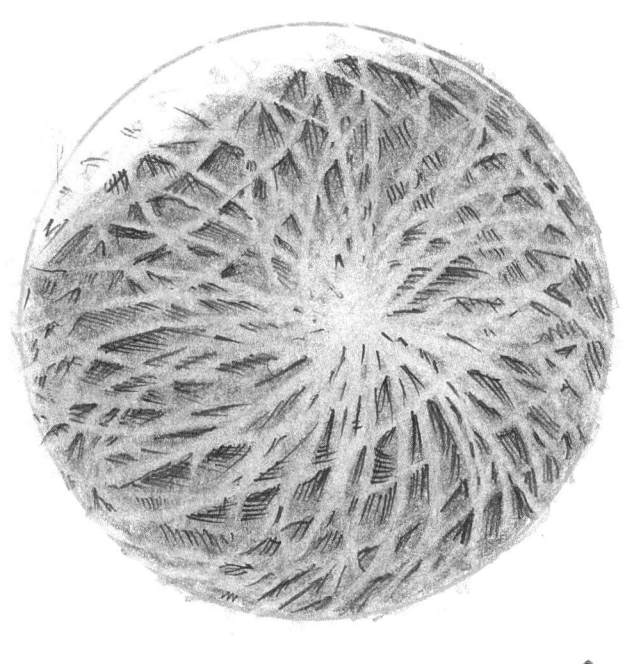

🕐 **40 min**

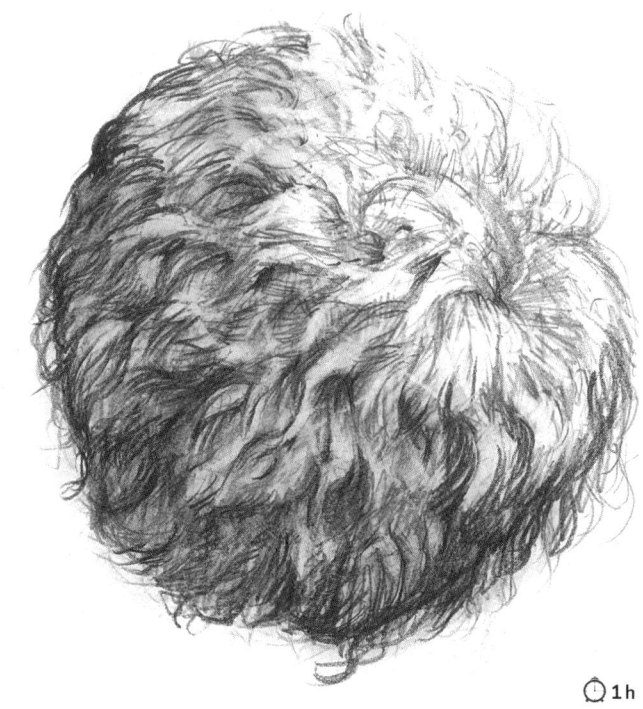

🕐 **1 h**

En este caso he reemplazado los óvalos y los círculos de los cráteres de la luna por líneas que atraviesan completamente la esfera, oscureciendo el espacio entre ellas y sus intersecciones.

En esta textura peluda, las líneas expresan el movimiento del pelo y las luces y sombras manifiestan el volumen de los distintos mechones que la componen.

Fijaos bien en que el principio de simplificación no excluye la observación detallada de las texturas y sus variaciones. Todo lo contrario, se trata de entender cómo los distintos elementos del dibujo interactúan para crear la sensación de volumen en obras destinadas a captar la atención del espectador y transmitirle la riqueza de nuestras experiencias visuales a través de nuestro estilo personal.

En la misma colección

Michel Lauricella, *Dibujar personajes*, Editorial GG, 2024.

Yves Leblanc, *Dibujar la perspectiva*, Editorial GG, 2024.

Charlène Letenneur, *Dibujar los animales*, Editorial GG, 2025.